お墓、どうしますか？

変容する家族のあり方

米澤 結

ディスカヴァー
携書
198

はじめに

自分が生きてきた人生を、どう締めくくるか。

介護をはじめ延命治療や臓器移植、葬儀の形式、墓をどうする等々、「終活」として「人生の最期に、生前に自ら向き合う」人が増えているように感じます。背景には、人口のボリュームゾーンである団塊世代が高齢化し、終末を意識する時期を迎えている状況があるでしょう。

その端緒としてあげられるのが、2009(平成21)年、「週刊朝日」で連載された葬儀に関する特集「現代〝終活〟事情」。この「終活」という言葉が「2012 ユーキャン新語・流行語大賞」のトップ10に選ばれたことも、「終活ブーム」のきっかけとなったといわれています。

戦後間もなくのころは、子どもの数が多く、長男は実家・地域に残り、その配偶者と子ども、老親との三世代同居が当たり前でした。そして、死んだ後のあれこれ（葬送）は同居の家族が考えることであり、墓も先祖代々の墓に入るのが自然な流れ。死にゆく本人が「積極的に死に備える」という発想はほとんどなかったのではないでしょうか。

ところが現在、自らの死や葬送に対する意識は大きく様変わりしました。

大きな影響を与えているのは、高度経済成長期に進んだ極端な都市への人口集中と、それに伴う多世代同居の大家族から核家族への移り変わりが考えられます。また、老夫婦のみ世帯、あるいは高齢単身者の独居、近年の経済状況や教育費の高騰、晩婚・晩産などの影響による少子化、さらに医療技術の発展により平均寿命が伸びたことも、従来の家族のあり方が変化せざるを得ない要因にあげられるでしょう。

時代や人の意識の変化とともに、終活という言葉は次第にビジネスチャンスととらえられ、人口の多い団塊世代をターゲットとして、死全般についての新しい概念を提供するようになったのではないでしょうか。２０１３（平成25）年には、経済産業省から「ライフエンディング産業」に関する報告書まで発表されているのです。

このように、メディアなどによって多方面から「人生の締めくくり」について情報が飛び交うようになった結果、自分自身の死に対してさまざまな選択を求められるようになり、最期を共にする家族にも新しい意識や問題を生むこととなりました。

正直なところ、私には少し違和感があります。メディアは目につきやすく、耳に残りやすいキャッチーな見出しとともに情報を発するばかりで、新しい概念に対して、人々がどのように感じ、受容しているのかという事実には触れていないように感じます。また、終活がブーム的に取り上げられる一方で、見送る側の家族の意識を変化と関連づけた考察もあまり行われていないように感じます。

終活に限らず、個人的な問題意識から、書店で家族をテーマにした書籍を手にする機会も多いのですが、最近は、ネガティブな印象のものが多いことに気づかされます。子どもに対する虐待、ネグレクト。学校でのいじめも家族問題の一つの側面といえるかもしれません。少子高齢化の原因ともなっている晩婚化、生涯未婚率の上昇。独居老人や孤独死など、家族の崩壊を予感させる本がとても多いと感じられます。

それを補足するデータを一つあげるなら、出生数の低下でしょう。

2017（平成29）年に日本国内で生まれた赤ちゃんの数は、2年連続で100万人を割り込み、約94万人。これは過去最低の数字です。

日本の社会は人口減少期に入り、労働人口も比例して減少しているため、社会のあらゆる場面で「人手不足」が深刻化しています。生まれる子どもの数が減れば、家族の構成員数も当然減っていきます。一人っ子の家庭が増え、やがて「全員が長男長女の時代」がやってくるのかもしれません。

ビジネス誌では「市場がシュリンクする」などと表現しますが、「シュリンク（shrink）」は「小さくなる、縮む」などの意味です。人口減少とともに構成員が減り、家族もシュリンクしていくような状況で、私は「では、これからのお墓はどうなっていくのだろう」とも考えます。

ふだん、あまり意識することのない墓ですが、家族の葬送と深く結びつくものであり、家族のあり方が変われば、墓のあり方も変わっていく。そう考えるのが自然です。

一つのベクトルとして、人生の最期の時を迎える準備を指す「終活」が、ブーム的に取り上げられてもいます。葬送は残された家族の務めだとしても、個人が生前に取捨選択する傾向は、これからますます強くなっていくのかもしれません。

私が家族や墓について「自分自身の問題」として興味を持ったのは、父親の死がきっかけでした。家族を失うということ。そして家族と墓の関係に向き合わざるをえない状況となり、書店で本を探すようになりました。

そこで感じたのは、特定の主義主張を前面に出したものや実用的なだけのもの、事件などをセンセーショナルに扱ったものが多いということです。読み物としておもしろい本や、ある程度実用的な本はあっても、自分の中に芽生えていた、漠然として言葉にできない思いを代弁してくれるものには、なかなか出会えませんでした。

そこで、もともと「いつか学び直したい」と考えていたこともあり、家族、墓というテーマに向き合ってみようと、大学院で学ぶ道を選択しました。

学びを進めると、親子の関係から墓、家族をみる本が少ないことに気づきます。死にゆく人の問題として墓、葬送を扱うものはあっても、看取り、弔っていく世代にフォーカスしたものはあまり見かけない。

私が一読者として感じた「言葉にできない思いを代弁してくれる本にはなかなか出会えない」の理由は、ここにあるのかもしれません。


私は社会学者でも、葬送関連の仕事をしているわけでもありません。大学院で学ぼうと思ったのは、もともとは「自分を納得させるため」でした。本書は、その学びがもとになっています。

テーマは「墓越しにみた家族」。

家族と墓について、先達たちが残してくれた文献、論文をまとめ、自身が大学院で調査研究した内容と合わせて、新たに書き起こしました。

学術論文的な内容も含むため、やや硬い部分もありますが、「家族の一員としての目線」を意識しています。

私のような「言葉にできない漠然とした思い」を抱えている、一人でも多くの方に手に取っていただければ幸いです。

お墓、どうしますか？◉目次

第2章 家族が変わればお墓も変わる

第1章

日本の家族はこんなに変わってきた

この章では「日本の家族とその歴史」について俯瞰していきたいと思います。

その理由は、墓や葬送儀式を考える際に重要でありながら、これまでの研究には家族の視点からのアプローチがあまりなく、あっても古い文献が多いと感じるためです。

墓や葬送に関する研究は多く、書籍や論文として発表されてきました。視点は著者、研究者によってさまざまですが、最もよく見られるのは宗教学的、民俗学的な視点からのアプローチです。

墓や葬送の由来や意味、その背景にある地域の風習などに着目したものが多く、家族、特に家族のあり方が大きく変わる戦後や高度経済成長期以降の墓・葬送に対する日本人の意識に焦点をあてたものはあまり多くないようです。今の家族の問題を考えるために、まずは家族の変遷をざっくりと知っておいたほうが、向き合い方をつかみやすいはず、と私は思います。

とはいうものの、「家族」とはとても大きなテーマであり、歴史をふまえて丁寧にみていこうとすると、それだけで何冊ものボリュームが必要になってしまいます。ここでは、先達が残してくれた参考資料と各種データをもとに、できるだけコンパクトに、フラットに「日本の家族のあり方はどう移り変わってきたのか」をまとめていきます。

２０１１（平成23）年の東日本大震災をきっかけに、「家族の絆」という言葉をよく耳にするようになりました。

そこにあるはずの日常が、あっという間に津波に飲み込まれていく映像を見た瞬間、私は自然への畏怖と同時に命の儚さを感じました。今日と同じ明日がやって来る保証はどこにもない。人との絆の象徴として、「家族」を再認識した人が多かったのだと思います。

ですが、ちょっと視線の向きを変えると、現代日本の別の側面が浮き彫りになるのも事実。

家族の絆と対極にある「生涯未婚率の高さ」が話題になり、「おひとり様」が流行語のように使われています。「独居老人」は以前から社会問題とされているし、小さな子どもを対象にしたＤＶ（家庭内暴力）、ネグレクト（育児放棄）が事件になることもあります。

家族の絆を求めながら、それと真逆の現象も起きている。今、日本の家族はどうなっているのでしょうか。

「家族って、何だろう？」

こう問われれば、ほとんどの人は何らかの答えをするはずです。多くの人に共通する答えとしてはきっと「一緒に住んでいる」とか、「血縁関係である」があげられるのではないでしょうか。山田昌弘（２００１）が言うように「長期的に安定した信頼できる関係性」と定義すれば、「経済的に助け合うセーフティネット」「心のよりどころ」そんなイメージを思い浮かべるのではないでしょうか。

この血縁または法律でつながる「制度的な家族」が、現代を生きる人にとっての家族像のベースにあると思います。「これが日本の伝統的な家族だ」と。

ところが、歴史を少し振り返ってみると、現在の制度的家族が生まれたのは明治維新後であり、近代化以降の約１５０年間のことでしかないのがわかります。

ではそれ以前、日本の家族形態はどうなっていたのでしょうか。

江戸時代以前、「家族」という意識は薄かった

平安時代から室町時代、人口の多くを占める農村には、今のような「家族ごとの家」という概念はありませんでした。山田（2001）が言うように、絆はイエやムラ、親族などの共同体が提供するものでした。

数軒から数十軒の家屋が一つの集団として暮らすのが、江戸時代までの日本に多いスタイルでした。村であり、今風に言えば自治体。生産はもちろん子育てや教育も村が基本単位であり、婚姻関係も性関係も今からは考えられないほど開放的だったようです。集団の中で支え合うのが前提であり、血縁関係を特定する必要はなかったのかもしれません（特定できなかったのかもしれませんね）。

私たちからすると違和感を覚えるかもしれません。でも、ある意味合理的でもあります。

血縁関係を特定する必要はないといっても、子どもは将来の貴重な働き手であり、「村の宝」として大切に扱われました。授乳にしても、自分の子どもだけではなく、お腹を空かせて泣いている子どもがいれば、他の子どもの母親が来て、乳を飲ませてあげる。それが当たり前の光景でした。

豊臣秀吉が天下を取ると、一地一作人を原則とする「太閤検地」が行われ、それまで領主や土豪に対して隷属的な立場だった農民が、小農として自立するきっかけが生まれます。

江戸時代に生まれた、現在につながる家族の形

江戸時代になると、寺や庄屋が管理する「宗旨人別帳」に、百姓も商人も記録されるようになります。これによると、年貢を納める戸主は男性で、農地を引き継ぐのはその子ども（嫡出男子）でした。現在のような血縁の父系相続の家族が制度としてあった、ように思えますが、実際はやや違うようです。

特に江戸時代前期の「宗旨人別帳」は内容があやしく、名前が毎年変わっていたりして、便宜的につけていた様子もうかがえます。前述したように、子育ても村単位で行い、農作業も村単位で行っていました。世代の異なる数人が一つ屋根の下に暮らしても、現在の家族のような帰属意識は薄く、それよりも村への帰属意識が高い。つまり江戸時代前期までは、中世の様子を色濃く引きずっていたようです。

では商家、武家はどうでしょうか。

商家では、主人と女将を中心に、その子どもたちや奉公人が集まり、見た目は大家族です。おもしろいのは、相続は「婿取り」が基本であること。奉公人から抜擢したり、他家の優れた男性を婿に迎えたりして、後を継がせていました。形式上は父子相続なのですが、それは事業承継に限った話で、血縁はあまり重視されていないのです。

農家や商家は、家族の血縁よりも、共同体や事業の存続を重く見ていましたが、それとは異なるのが武家。ここでは血縁による父子相続が基本で、長男が嫁を取り、血縁による家の継続を重視していました。私たちからすると、これが「日本の家族」と思えるかもしれませんが、ここまでの歴史の中では異質なあり方です。明治民法によって、武士の家族習慣が広められたとも考えられます。

余談ですが、時代劇で武家の次男坊、三男坊が問題児、不良のように描かれることが多いのは、家族制度が理由かもしれません。当時、幕府や藩の役は代々家につくもので、家の当主でなければ無役のまま。長兄の家に居候同然で、昼間から徒党を組んでいるのは「何もすることがない」からです。次男三男にとって「婿入り」は後の当主になれる、つまり

「役に就ける」とイコールだったので、めでたいことでした。

では、なぜ武家は父子相続を行ったのでしょうか。残念ながら、そこに対する明確な答えを見つけることはできませんでした。戦国時代以降、家を守るには武勇に秀でた男性を中心にまとまったほうがよかったのかもしれない。または、世襲によって血統の正統性、権威付けを行う狙いがあったのかもしれません。一つはっきりしているのは、当時としては異質なあり方が、振り返ってみると、現在の日本の家族制度の原型になったという点です。

太平の世が続き、江戸時代も中期を迎えると農村の様子も変わってきます。

「太閤検地」以降、小農の自立が始まったと前述しましたが、町人文化が花開き、庶民の経済力も向上したことで、大規模な合同家族から、直系家族を中心とした小規模家族への転換が進んだのです。

小農の自立によって起こったのが有配偶率の増加、つまり結婚して世帯を持つ人々の増加です。新田開発も進み、家族単位で農耕を行うには労働力が必要なため、より多くの子どもが求められました。それが17世紀の人口爆発を生み出します。17世紀初頭から18世紀初頭までの1世紀の間に日本の人口は1200万人あまりから3000万人以上に急増し、家族形態の変化に大きな影響を与えました。武家に限られていた血縁による家族の形態が農家にも及ぶことで、今、伝統家族と考えられている直系家族が多く生まれたからです。

江戸時代の人口の推移をみると、17世紀初頭からの人口爆発に続き、18世紀半ば以降にも一つの傾向が見られます。停滞期になってしまうのです。18世紀半ば以降、日本の人口はおおよそ2500万人から2700万人の間で推移し、ほぼ横ばいです。確かに停滞期といえます。

理由としてあげられているのが次の3つ。

まず「耕地拡大の頭打ち」で、現在のような土木技術、機械があったわけではないため、確かに理由の一つとしてありそうです。

次にあげられるのが「相次いだ飢饉」。18世紀は小氷期とも呼ばれ、世界的な寒冷期だったことがわかっています。江戸の三大飢饉と呼ばれた享保、天明、天保の大飢饉もほぼこの時期であり、餓死・病死する人が多かったはずです。

最後が「出産制限」。これは相次いだ飢饉ともリンクしますが、農業生産が落ち込んだため、子どもを産んでも養える見込みがないので、出産制限が行われたとしても不思議はありません。

象徴的な出来事が「間引き」です。正式な記録としては残っていないようですが、人口の調査結果を見ると男女の比率が異常な年があります。男性のほうが女性よりかなり多い。つまり、人口を増やさずに将来の労働力を確保するため、女児の間引きが行われたのかもしれません。

避妊や中絶の手段が乏しい当時、飢餓からの緊急避難的に行われた他、最近では、土地の文化や生活水準の低下を防ぐために、ある程度計画的に行われていたのではないか、とする説もあります。

間引きと聞くと、ひどく非人道的な社会のように思えますが、その多くは「飢饉などの緊急事態にやむなく」行われたと思います。そもそも江戸時代の乳幼児死亡率は現代よりはるかに高く、生まれた赤ちゃんが無事に成長することは、村の、そして家の一番の願いでもあったはずです。

例えば「七五三」。子どもは3歳になるまでは「神の子」であり、神様の元に召されないよう注意しながら、陰陽道で縁起の良い奇数の歳（3歳、5歳、7歳）に、神様にお祈りと感謝をするお祝いをしたのが起源とされています。3歳は「髪置き」の儀式。5歳の男児は「袴着」の儀式。7歳の女児は「帯解き」の儀式。これらの儀式を終えると、立派に育ったとして「神の子」から解きはらわれると考えられていました。

また、農村では7歳を過ぎた子どもたちは「子供組」という集団に入り、大人たちに指導されながらいろんな行事に参加しました。助け合い、集団を構成する大切なメンバーとして認められるわけですね。15歳になれば、男児は「若者組」、女児は「娘組」に入って交流を深め、集団の中で生きるための規律を学びます。ここに至ってやっと「一人前の村人」となるのでした。

飢饉に見舞われた江戸時代中期は、さまざまな要素が重なり、日本の人口は停滞期を迎えますが、後期になると、幕府は今でいう「少子化対策」も行なっていました。堕胎や間引きの禁止はもちろん、養育金支給（現在の政府も同じようなことをやっていますね）まで も。出生率が低く、乳幼児死亡率が高かったための少子化対策だったようです。

江戸時代と現在の共通点をもう一つ。江戸時代、日本の中心はもちろん江戸の町ですが、その人口は100万人を超えていたとする説もあります。おもしろいのは男女比で、極端な男性過多社会だったのです。

女性より男性の数が多ければ、当然、男性の有配偶率は低くなります。現在、有配偶率が最も低いのは東京。もちろん若年人口の流入が多いことも影響していますが、興味深い一致ではないでしょうか。

家族にまつわる話題から見た場合、江戸時代は前近代的な形から現代へと続く、橋渡し的な位置付けにあります。江戸時代後期になると幕府は弱体化し、また諸外国から開国を迫られるようになり、日本の社会は大きく揺れ動きます。家族のあり方も同じ。幕末、そして明治維新を経て、現在に至る流れが確立されていくのです。

明治時代に家族が「制度化」された

続いて、明治時代以降の家族の変遷をみていきましょう。

これは社会学の見方ですが、社会を歴史的にとらえる場合、伝統社会、近代社会などのとらえ方をします。伝統社会をひと言でいうと、江戸時代までの「ムラ社会」。つまり農村社会であり、共同体的な社会を指します。ここでは「個」よりも「集団」のほうが高く位置付けられ、人は閉じた社会の中で生まれ、暮らし、死んでいく。

優先されるのは村落共同体の維持であり、江戸時代前期から中期までは、家や血縁でつながる家族の意識は希薄でした。中期から後期にかけて少しずつ、独立した家族の形がつくられていきます。時代により濃淡の差があるとはいえ、江戸時代までの家族のあり方を、ここでは「伝統家族」と呼びます。

一方の近代社会は、極めておおまかにいうと、日本では明治時代以降を指します。江戸時代後期から変化の胎動はありましたが、明治維新を境にドラスティックに日本の社会は変わりました。国家、それを構成する家の存在が明確化されたのです。その家族では、父親が絶対的な権限を持ち、長男・長子への相続が厳格に決められました。伝統家族に対して、こちらは「近代家族」と呼びます。

江戸時代と明治時代以降の大きな違いは、統治システムの違いでもあります。江戸時代までは、全国を大小あわせ約300の藩に分け、お殿様を頂点とする武家が村落共同体を治めるシステム。藩ごとの自治がかなり認められていました。

明治になると、廃藩置県によって県が生まれ、国家―県―民衆（個々の家）の形で統治するようになります。基本は中央集権国家であり、自治の度合いは江戸時代よりも薄くなったといえるでしょう。

明治政府が統治体制を強化するために、まず取り組んだのは教育改革です。

江戸時代までは、それぞれの藩、そして村落共同体ごとに子どもたちの教育を行っていましたが、欧米諸国を追いかけて近代化を進めるには、すべての国民の国への帰属意識を高める必要があります。

その象徴ともいえるのが「教育勅語」で、全国民の規範としてあげられている12の項目のうち、最初に来るのが「親への孝行」、次が「兄弟・姉妹は仲良く」、そして「夫婦は仲睦まじく」。そう、家や家族の大切さを強調しているのです。各藩の自治に委ねていた江戸時代から、国が直接統治する明治時代となり、「家」が統治の最小単位として位置付けられた、といえます。

まず教育改革を行い、ようやく１８９８（明治31）年に明治民法が公布されました。そこで明確化されたのが「イエ制度」です。概要をざっくりまとめると、まず「家は戸主（家長）とその家族によって構成」されます。「家長である戸主の命令・監督に服する。その反面、戸主は家族を扶養する義務がある」とされました。

また「家の名を氏といい、戸主及び家族はすべて同一の氏を称する」とあります。全員が苗字を持てるようになったのはここからです。相続についても、「男女では男子」「出生順では長子」が優先され、すべての国民が「イエ制度」に組み込まれました。

家族の歴史の視点で見た場合、明治民法は大きな意味を持ちます。というのも、家長（父親）に強大な権力を持たせることで、共同体に縛られない「自由」を獲得したといえるからです。現在の私たちからみると、明治時代の「イエ制度」は窮屈なものに思えますが、苗字は持てず、自分の暮らしより共同体を優先せざるを得なかった時代に比べれば、歓迎すべき変化だったのではないでしょうか。このとき、家族は生活の単位として共同体から独立したのです。

「イエ制度」により、家族とそれ以外の境界が明確になったことで、日本の社会の変化は加速したともいえます。例えば、境界があやふやな共同体での暮らしから解放されたことで、プライバシーの概念が生まれました。それまでは、子どもを育てるのも、日々の食事も共有していた暮らしから、教育も消費も、まわりに気遣うことなくそれぞれの家で判断できるようになったのです。

ただし、女性は完全に戸主の管理下に置かれていました。戸主が家族を管理する権限を持つイエ制度は、夫がサラリーマン、妻が専業主婦という性差分業型家族の下敷きになったともいえるでしょう。

明治時代は、近代国家としてのあり方を確立するためにさまざまな改革、法整備が進みましたが、村落共同体を単位とした封建社会の統治体制と、欧米の個人主義的な社会の様子が混在した時代でもありました。要するに「混乱していた」のです。

明治時代を過ぎ、大正時代を迎えると、新しい国、そして家族のありようがより明確になっていきます。

大正時代に「核家族」が登場

足かけ15年という大正時代ですが、日本の社会、家族の変化を語る上で欠かせない時代でもあります。

第一次世界大戦が起こる一方、思想の自由や恋愛などの観念が実体化した「大正ロマン」と呼ばれる文化も生まれました。明治時代までの呉服店が百貨店に変わり、銀座がデパート街になったのもこのころです。

消費行動は多様化し、街にはオシャレをした女性があらわれました。新聞、ラジオ、活動写真（今でいう映画）などのメディアが生まれ、新しい娯楽の提供も始まっています。

新しい娯楽の多くは、連載小説、歌謡曲、映画などで、その多くは恋愛もの、純愛ものでした。まだ自由恋愛には遠い時代で、結婚といえば家同士が決めたお見合い結婚がほとんど。恋愛でも、家の了解なしというケースはあまりありませんでした。でも娯楽を通して、都市部では恋愛に目覚める男女が増え、恋愛結婚が少しずつ増えていきます。

結婚して所帯を持つ。男性の場合、それは「戸主になる」であり、「ご先祖様になる」機会を手にしたともいえるでしょう。

こうした変化が都市部で起こったのには、いくつかの背景がありそうです。最も大きいのは、地方の農村部から都市部への人口流出です。近代化は工業化でもあり、従来の農耕社会から工業社会へと日本は大きく舵を切りました。大正時代に入ると、第一次世界大戦後の好景気もあり、労働力不足が顕著になります。

農村部に目を移すと、運命共同体的な集団ではなく、個々の家が生活の最小単位となったことで、財産を相続する長男以外は、働き口を求めて都市部へ移動していきます。そうした層が、やがて結婚し、所帯を持つことで「核家族」が生まれました。

こうしてみると、工業化や市場化、西洋的な価値観の受け入れ、教育制度改革、メディアの登場と成長、恋愛結婚の増加、核家族の登場など、現代社会の構成要素でもある現象の多くが、大正時代に発芽していたことがわかります。

工業化が進み、都市生活者が増えたことで、日本の社会に新たな階層も生まれました。それが中流階層です。それまでは、華族・士族につらなる一部の階級と農村部を中心とした庶民と、ほぼ2つの階層だけでしたが、経済が成長し、サラリーマン一人ひとりの所得も増え、贅沢をしなければそこそこの暮らしができる層が誕生し、そのボリュームは年を追うごとに大きくなっていきました。

家族の暮らしの舞台も変わっていきます。

1922（大正11）年から販売が始まった「目白文化村」は、時代の象徴ともいわれていました。当時、新興住宅地の開発が始まり、田園調布がアメリカ・サンフランシスコ郊外にあるセント・フランシス・ウッドという高級住宅街や、フランス・パリの凱旋門のエトワール式道路を模して開発されたのは有名です。そこには西洋風の建物が立ち、住む人の多くは上級ホワイトカラーの人たちでした。目白文化村は、現在の新宿区下落合〜中井付近に分譲住宅地として造成され、「現代の都市型新興住宅街の元祖」とも呼ばれています。

ここに住んだのは、中流階層の中でも上層部の官吏やサラリーマンと、大正ロマンとともに人気を博した作家、画家たち。建物の外観は西洋風ながら、室内は和洋折衷で、「日本人にとっての暮らしやすさ」を意識したものでした。もちろん、目白文化村に住めるのも限られた人たちでしたが、人口の増加とともに、農地を住宅地として開発する流れは加速します。これが後に、都市部での墓地不足の一因となったといえるかもしれません。

湯沢雍彦（2010）は、大正時代の家族問題を論じた著書で、この時代を象徴する言葉として次の3つをあげています。まず「自由な空気の到来」。明治時代は反封建性と同時に、中央集権による富国強兵を強引に進めたため、実は息苦しさを感じることも多い時代だったようです。

明治後期から民主主義が流入し、海外の情報も広くもたらされるようになり、自由・平等の機運が生まれていく。それを象徴するのが「大正デモクラシー」です。

次は「抑圧・抑制の時代」。自由な空気と矛盾していると思うかもしれませんが、新しい時代の潮流が生まれれば、行きすぎた変化に待ったをかける力も必ず働きます。家族についても、自由恋愛、恋愛結婚が増えていく反面、「イエ制度」の基本である戸主の求心力の低下を危惧する動きもありました。

3つ目が「階層格差の問題」です。工業化、都市化が進むことで、農村部と都市部の経済格差が広がりました。都市部のサラリーマンでも、小学校卒と大学卒では年収に大きな差があり、貧困に苦しむ家庭も多かったようです。

明治・大正時代の家族制度をみるとき、どうしても「イエ制度の拘束」に原因を求めてしまいがちです。一つの要因であるのは間違いありませんが、世界情勢、経済環境の変化なども含めて包括的にアプローチする必要があると思います。

戦後の改革でなくなった「イエ制度」

大正天皇が亡くなった1926（大正15）年12月から、1945（昭和20）年8月の終戦までの18年8か月を、湯沢（2011）は「狂乱怒濤」と表現しています。それほど、日本の社会は目まぐるしく変化していきました。湯沢（2011）は、この時期を大きく2つの側面からみています。

1つは「明るい側面」で、大学生の数、高等女学校生徒の数も増え、教育レベルは間違いなく上がっています。乳幼児死亡率は下がり、衛生と医療の面でも進歩していたことがわかります。戦争の足音が大きくなるまでは、新たな大衆文化も生まれ、都市部だけでなく農村部の生活も少しずつ変わっていったようです。

もう1つは「暗い側面」で、株式市場・商品市場の暴落など、大正時代からの不景気がさらに深刻になったこと。そして満州事変、盧溝橋事件などが起こり、日中関係が不安定になります。

株式市場は高騰し、景気は上向いたかに思えましたが、1939（昭和14）年になると欧州で第二次世界大戦が始まり、日本は戦時経済体制への移行を余儀なくされます。やがて太平洋戦争に突入し、国内の暮らしは困窮しました。学童疎開・学徒動員によって家族はバラバラになり、戦争末期のたび重なる空襲、そして広島と長崎を火の海に包んだ原子爆弾によって、日本は多くの人、そして家を失うことになります。

1945（昭和20）年8月15日の終戦を境に、日本の社会、そして家族は、明治維新以来の大きな転換点を迎えました。その違いは、明治の改革は近代化を急ごうとする国内の指導層がリードしたのに対して、戦後の改革はGHQ（占領軍総司令部）が方向性を決定したこと。GHQは女性の地位向上、男女平等を強く意識しており、新憲法（日本国憲法）にもその精神は色濃く反映されています。

新たに制定された民法も同じ。明治民法では、戸主の存在は絶対であり、女性も子どもも戸主のコントロール下に置かれていました。湯沢（2012）によると、当初、新憲法と同時に民法も施行する予定でしたが、作業が間に合わず、暫定的な「応急的措置に関する法律」をつくり、改正の趣旨を簡潔にまとめて当座を乗り切っています。

では、「家族」に関する部分で、戦後の新民法はどう変わったのでしょうか。湯沢（2012）は、主要点を以下のように抽出しています。

1　家の存在を前提とする各種制度（継親子、入夫婚姻など）の規定を削除。

2　成年者が婚姻する場合、父母等の同意を要しない。
3　何れの氏（姓のこと）を称するかは婚姻の際夫婦が決めること。
4　離婚に伴い、離婚した者の一方から相手に財産を分与する。
5　庶子の名称を廃し、未成年者を養子とするには家事裁判所の許可を得る。
6　親権は未成年の子に対するものに限る。
7　親族会はこれを廃止する。
8　扶養義務は、直系血族及び兄弟姉妹の外三親等内の親族にまで拡張する。
9　相続には均分相続制度を採用し、兄弟姉妹を加え、配偶者は常に相続人となる。

ここで明確になっているのは、明治時代の家族の規範とされた、戸主を中心とする「イエ制度」の廃止です。隷属的な立場に置かれていた女性たちが、新しい民法の内容を支持したのはいうまでもありません。ただ、イエ制度がなくなることで、夫婦関係、親子関係はどう変わるのかを心配する声もありました。

物事には必ず裏表があります。イエ制度は、一つの方向から見れば女性の人権侵害であり、窮屈な思いをしていた人も少なくないはずです。でも別の方向から見れば、父親を中心に強い絆で結ばれた集団であり、すべての責任を負う父親以外は気楽に過ごせた、といえるかもしれません。

戦後の民法も、自由・平等を手にしたといえる反面、家や家族に対する帰属意識は薄くなってしまう、という懸念もありました。実際、その後の日本の家族の変遷をみると、ここが大きなターニングポイントだったように思います。

では、新しい民法が施行されたことで何が変わったのでしょうか。

一つは「恋愛結婚の増加」です。大正時代に機運が盛り上がったとはいえ、戦前の日本では恋愛と結婚は別物でした。山田（２００１）が記すように、「結婚は一種の経済制度」であり、特に上流階級ほど、家柄や財産にもとづいて、結婚相手は親が決めるのが主流でした。

戦後は、結婚相手は自由に選んでよく、成人同士なら親の同意がなくても結婚できるようになります。当然「結婚する人の割合が増えた」と思うかもしれませんが、現実は逆で、恋愛に対して慎重になる傾向が強まったのです。山田（２００１）は、その背景に「恋愛＝結婚を前提とした真面目なもの」というイデオロギーと、高度経済成長による核家族化という、２つの要素が同時進行したことをあげています。

核家族化によって男性がサラリーマン、女性は専業主婦になるのが一般化すると、特に女性にとっては「誰と結婚するか」が、その後の経済生活に大きく影響します。愛し合う二人が結ばれ、家庭を持ち、子どもを授かり、夫は会社に属して働き、妻は専業主婦として家事・育児をする。これが理想の姿で、始まりは「愛」です。

そうではなく、結婚を前提としない男女交際は単なる「遊び」。普通の家の息子、娘がするものではないという意識が広がった結果、自由な男女交際の減少を招いたと、山田（２００１）は指摘します。

そのころ、専業主婦が女性の憧れだった、という背景もあります。夫が会社に勤め、毎月給料をもらうサラリーマンになったことで、女性も子どもも労働力ではなくなります。子どもの本分は勉強であり、家を守り、夫が仕事に、子どもが勉強に向き合えるよう支えるのが妻・母親の役目。それには、外で仕事を持たず主婦に専念したほうが都合がよく、また妻を働かせなくてもいい（十分な収入がある）夫がいるというステイタスの意味合いも含め、専業主婦に憧れる女性が増えたのです。

高度経済成長期、4人家族が「標準世帯」となる

振り返ってみると、1950年代後半から60年代にかけてが、日本の家族制度は最も安定していたといえるのかもしれません。戦後の復興期を過ぎ、高度経済成長期へ。夫の収入は右肩上がりで、多くの女性は専業主婦として家事、子育てに集中できました。そんな時代を象徴する言葉の一つが「標準世帯」でしょう。

国が統計や税金の試算を行う際に使う、いわば「日本の家族の典型例」で、夫（会社員）と妻（専業主婦）、そして子ども2人の4人家族が主流になっていました。その後もしばらく、標準世帯といえばこの「4人家族」だったのです。

余談になりますが、標準世帯は意外に身近なところでも形になっています。スーパーマ

ーケットなどで売っている3連プリン。発売当時、プリンは嗜好性の高い贅沢品で、今のように気軽に食べられるものではなかったようです。そんな憧れのプリンを、自宅でお母さんと子ども2人が一緒におやつの時間に食べるのにちょうどいい、3連のパッケージで販売するようになったそうです。

プリンと並びで売られているヨーグルトですが、こちらは4連パッケージになっているものが多くみられます。その理由は、朝ご飯を家族揃って食べることを想定し、4連が採用されたというわけです。それほど標準家庭は浸透していたわけですね。

高度経済成長のトレンドは続き、地方の農村部の次男、三男が中学や高校を卒業と同時に東京など都市部に就職するパターンも定着しました。都市で暮らし始めた男性の多くは、その地で結婚し、所帯を持ち、家を購入します。その家は夫、妻、そして子どもで構成される核家族です。こうして、1960年代から70年代にかけて、日本の家族制度は核家族がスタンダード、まさに標準世帯となっていきました。

落合恵美子（1994）は、「家族の戦後体制」という言葉を使っています。その特徴としてあげているのが、まず「女性の主婦化」。戦後、女性はまず主婦となり、社会進出していくのはその次のフェイズになります。次は「再生産平等主義」。多くの人が適齢期に結婚し、子どもを2、3人つくるという意味で、標準世帯につながります。もう1つが「人口学的移行期」。単なる人口増だけでなく、都市部への集中が進んだことも含みます。

旧民法の、封建的で家父長的な「イエ」から、民主的な新しい民法の「家族」へ。大きなパラダイムシフトを経て生まれた「近代家族」を、落合は『21世紀家族へ』で次のように定義します。

1　家内領域と公共領域との分離
2　家族構成員相互の強い情緒的関係
3　子ども中心主義
4　男は公共領域・女は家内領域という性別分業
5　家族の集団化の強化

6　社交の衰退とプライバシーの成立
7　非親族の排除
8　(核家族)

核家族が（）に入っているのは、当時、祖父母と同居していても、質的には近代家族的な性格を持っていることがあるため、という認識からです。

ここにあげている8つの項目は、現代に生きる私たちにとっても「家族って、そういうものだ」と、ストンと腹に落ちる内容だと思います。国がどんどん豊かになることをほとんどの人が疑わなかったころ。このような近代家族のあり方が、まず都市部、そして地方や農村部へと広がっていったはずです。

高度成長期を過ぎて揺れ動く家族像

1970年代も経済成長は続きましたが、その一方で、誰も想像していなかった現象が始まっていました。「少子高齢化」です。

山田（２００５）は、戦後の家族のあり方を「戦後家族モデル」として、その変遷を次のように時代区分しました。

１９５５〜１９７５　戦後家族モデルの安定期
１９７５〜１９９８　戦後家族モデルの修正期
１９９８〜21世紀　戦後家族モデルの解体期

１９７５年ころ、日本では専業主婦の数がピークに達し、それ以降、共働き夫婦が増えていきます。初婚年齢が上昇を始めたのもこのころで、合計特殊出生率の低下も始まっています。今、問題になっている晩婚化、少子高齢化はこのころが開始点だったと、山田（２００５）は指摘しています。

背景にあるのは経済環境の変化でした。１９７３年にオイルショックが起こり、翌年には戦後初のマイナス成長へ。日本経済はこのころから低成長時代に入り、男性の収入の伸びが鈍化すると同時に、女性のパート就労が増えていきます。

山田（２００５）は１９７５年以降を修正期としていますが、私はいくつかのテレビドラマに、揺れ動く家族像があらわれているのではないかと思います。余談になりますが、いくつかあげていきましょう。

古き良き時代といいますか、隣近所・世代間の関係が希薄になる以前の、庶民の暮らしを描いたホームドラマとして、1970年代に「時間ですよ」「寺内貫太郎一家」がありました（ともにTBS系）。

どちらも（特に「寺内貫太郎一家」は）、家父長制の名残りを強く感じられる大家族のドラマですが、当時、すでに核家族化は進んでいたはずです。こうしたドラマがヒットしたのには、プライバシーと自由を獲得した核家族には、大家族的なおおらかな日常に対する憧れがあったからかもしれません。とても有名な映画「男はつらいよ」もその流れの中にありますね。


1970年代までは、家族の日常や絆を描く定型的なドラマが多くありましたが、1980年代に入ると、いろいろな視点から家族が描かれるようになります。山田（2005）のいう「修正期」で、家族のあり方が揺れ動いていた時期ともいえます。

この時代にヒットした家族ドラマには、大きく2つの流れがあるように思います。1つは「家族愛をさらに強調したもの」。もう1つは「新しい（揺れ動く）家族の形をリアルに描いたもの」。

前者の例は、血のつながらない3人の娘と暮らしながら、涙あり笑いありで家族になっていく様を描いた「池中玄太80キロ」（日本テレビ系）があります。もう1つ、都会からドロップアウトした父親と2人の子どもが、北海道の厳しい大自然の中で成長していく過程を描いた「北の国から」（フジテレビ系）も。どちらも中心には父親がいますが、家父長的な位置付けではないところがポイントです。

家族の形をリアルに描いたドラマとしては、中流以上の核家族と、その主婦の不倫をテーマにした「金曜日の妻たち」（TBS系）、非行に走る娘と、その家族の姿を赤裸々に描いた「積み木くずし」（TBS系）があります。どちらも描き方はやや極端ですが、当時の家族が抱える問題を扱ったという意味で、興味深いドラマではないでしょうか。

修正期の核家族を、最もリアルに描いたと思うのは「家族ゲーム」です。小説をもとにテレビ朝日系列でドラマ化されますが、大きな話題となったのは、森田芳光監督、松田優作主演の映画でした。郊外の団地に住む4人家族（父は会社員、母は専業主婦、高校生と中学生の子どもが2人）と、家庭教師の大学生が主な登場人物です。

印象的なのは、一緒に暮らしていながらバラバラになっていく家族の様子を、横並びの食事シーンで描いているところ。標準とされていた核家族は、地域との接点を失い、また家族内での関係も希薄になり、静かな問題提起で物語は終わります。バブル前夜で、世間は好景気に沸いていた時代ですが、個々の家庭にはさまざまな問題があり、家族の先行きに漠然とした不安を抱く、時代の空気をうまく表現した映画だったと思います。

テレビドラマ「岸辺のアルバム」（TBS系）も都市に暮らす核家族が壊れていくストーリーだったように記憶しています。

1990年代に入り、バブルが崩壊して以降は、家族の日常や絆をストレートに描くドラマが復権（？）します。「渡る世間は鬼ばかり」（TBS系）、「ひとつ屋根の下」（フジテレビ系）などが典型例で、どちらも父母ではなく、兄弟姉妹を軸にストーリーが展開していくところが特徴です。ホームドラマの中にも、以前の「強い父親像」は求められなくなっています。

ここ数年のホームドラマで印象に残っているのは「まるものおきて」（フジテレビ系）です。主人公は、亡くなった親友の子どもと、迷い犬と同居することになる男性で、血のつながった父親ですらありません。それでも「家族として暮らすためのルール（おきて）」をもとに、少しずつ心を通わせていきます。

「血がつながっているかどうかよりも、あの子たちのことをどれくらい思ってやれているかが大事だろ」というセリフが印象的でした。涙と笑いとともに、イエでも血縁でもない、新しい家族の形（疑似家族）を描いたところに、視聴者は共感したのだと思います。

テレビドラマは時代の鏡であり、その時代の空気感や、社会が潜在的に抱える闇を抽出してくれることもあります。戦後の家族モデルがどんな変遷を経て今に至るのか。いつか、テレビドラマを軸に考察してみたいと思います。

そして現在：出生率の低下と未婚率の上昇

これからの家族像を考えるとき、ふまえなければいけないのは現在の日本の状況です。ここでいくつかのデータを紹介しておきます。

総務省統計局「人口推計」のデータによれば、2017（平成29）年4月1日現在の日本の人口は「1億2676万1000人」。世界で10番目となっていますが、前年同月比で21万5000人の減となっています。また、総務省が発表した住民基本台帳にもとづく、2017（平成29）年1月1日時点の「人口動態調査」によると、総人口は8年連続で減少し、減少幅は1968年の調査開始以来最大でした。出生数は初めて100万人を割り込み、少子化の流れはより鮮明になっています。

人口増加は東京圏（東京、千葉、埼玉、神奈川）が中心で、雇用を求めて人が集まる傾向が続いています。関西圏（京都、大阪、奈良、兵庫）、名古屋圏（愛知、岐阜、三重）を含む三大都市圏合計で、前年比0・06パーセント増。全人口の5割超を占めています。都市部への集中が今後、家族のあり方、そして墓の問題を深刻化させるとも予想できます。

家族の構成についてもみてみましょう。

国勢調査が開始された1929（昭和4）年から1955（昭和30）年までは、家族の構成員数は5人程度でほぼ横ばいでした。その後、急激に下降していきますが、理由の1つは核家族化。複数世代の同居スタイルから、親とその子どもという世帯が増えたためです。

もう1つは出生数の低下。第一次ベビーブーム期（1947〜49（昭和22〜24）年）、第二次ベビーブーム期（1971〜74（昭和46〜49）年）は200万人を超えていますが、1985（昭和60）年には150万人を割り込み、平成になって以降は下降が続き、直近は100万人にさえ届かない数字になっています。

合計特殊出生率（1人の女性が一生のうちに産む子どもの数。2人以上でないと総人口は減少するとされる）をみても、2016（平成28）年は1・44人でした。これは「誰が墓を守るのか」という問題に直結しますが、墓については次章でふれたいと思います。

「出生数と合計特殊出生率の推移」

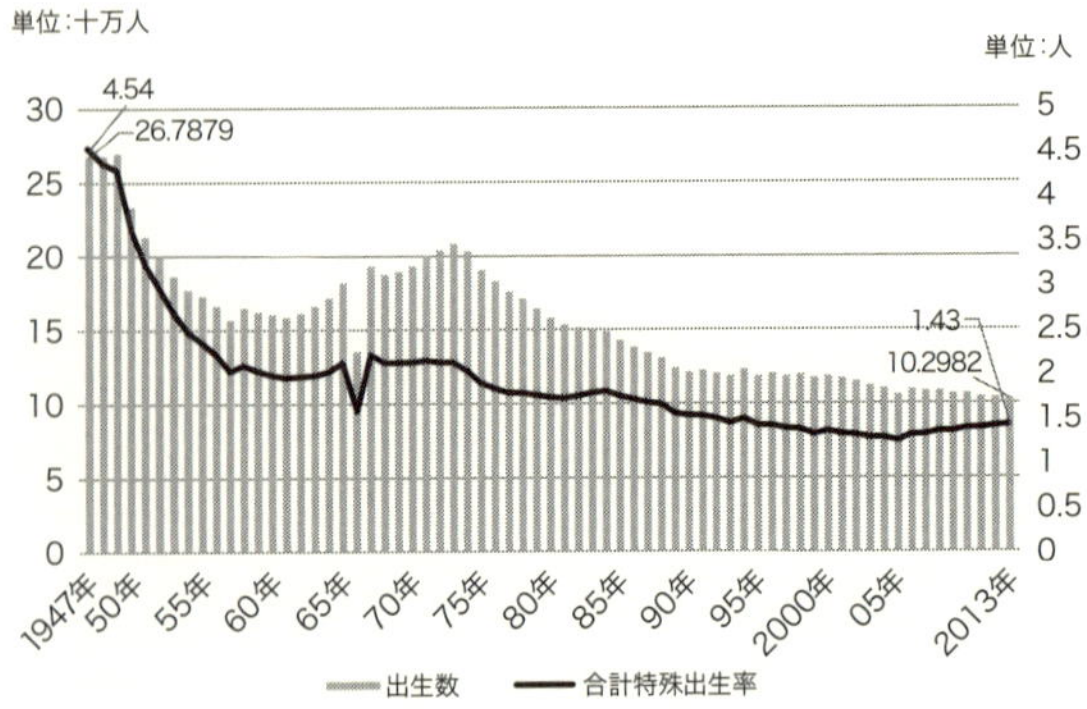

出典：「平成27年(2015)人口動態統計の年間推計データ」をもとに著者作成

続いて婚姻状況を見てみましょう。

厚生労働省発表の「平成27年人口動態統計月報年計（概数）概況」を見ると、婚姻数は年間約63・5万組で、最も多かった年（１９７２（昭和47）年は１１０万組）よりも4割以上減っています。背景にあるのは、少子化による若年者絶対数の減少、未婚率の上昇です。

団塊世代が適齢期を迎えた１９７０年代前半をピークに減少傾向。団塊ジュニア（１９７１〜74（昭和46〜49年）生まれ）が適齢期を迎えた２０００年前後にわずかに上昇したものの、以降は横ばいから穏やかな減少で推移しています。日本の場合、有配偶者間の嫡出子率が約98パーセントであることをふまえると、婚姻数の減少はそのまま出生数減、そして総人口減につながります。

生涯未婚率をみても、男性は１９８０（昭和55）年時点では「2・6パーセント」だったものが、２０１０（平成22）年には「20・1パーセント」、つまり「5人に1人」まで増加。女性も「4・5パーセント」から「10・6パーセント」に増えています。生涯未婚の場合、死後、どの墓に入るのか、誰が維持管理するのかなどの問題がより切実になります。

また、最近は「離婚が増えているのでは」と思わせるニュースもありますが、婚姻数が減っていることもあり、件数としてはほぼ横ばいです（58ページ参照）。

墓の問題からみると、離婚の状況は注意したいポイントの一つ。なぜかというと、離婚の際、女性は夫の戸籍から抜けて別の戸籍をつくることになります。当然、元の嫁ぎ先の墓には入れず、生家の墓も墓地のルールによっては入れなかったり、可能だとしても兄弟への遠慮から「入りにくい」という人も出てくるはずです。すると新しい需要が生まれ、この問題がより深刻化する要素になり得るからです。

女性に関しては高学歴化も顕著です。

文部科学省の「学校基本調査」をみると、1955（昭和30）年の大学進学率は、男性が「13・1パーセント」、女性が「2・4パーセント」。2015（平成27）年は男性「55・4パーセント」、女性も「47・4パーセント」まで上昇しています。女性は短大進学率が約10パーセントで、合わせて顕著に高学歴化が進んでいます。

「婚姻数と、人口1000人当たりの婚姻率」

出典：「平成27年（2015）人口動態統計の年間推計」をもとに著者作成（1972（昭和47）年以前は沖縄県を含まない。2014（平成26）年までは確定値、2015（平成27）年は推計値である）

「年齢別未婚率の推移」

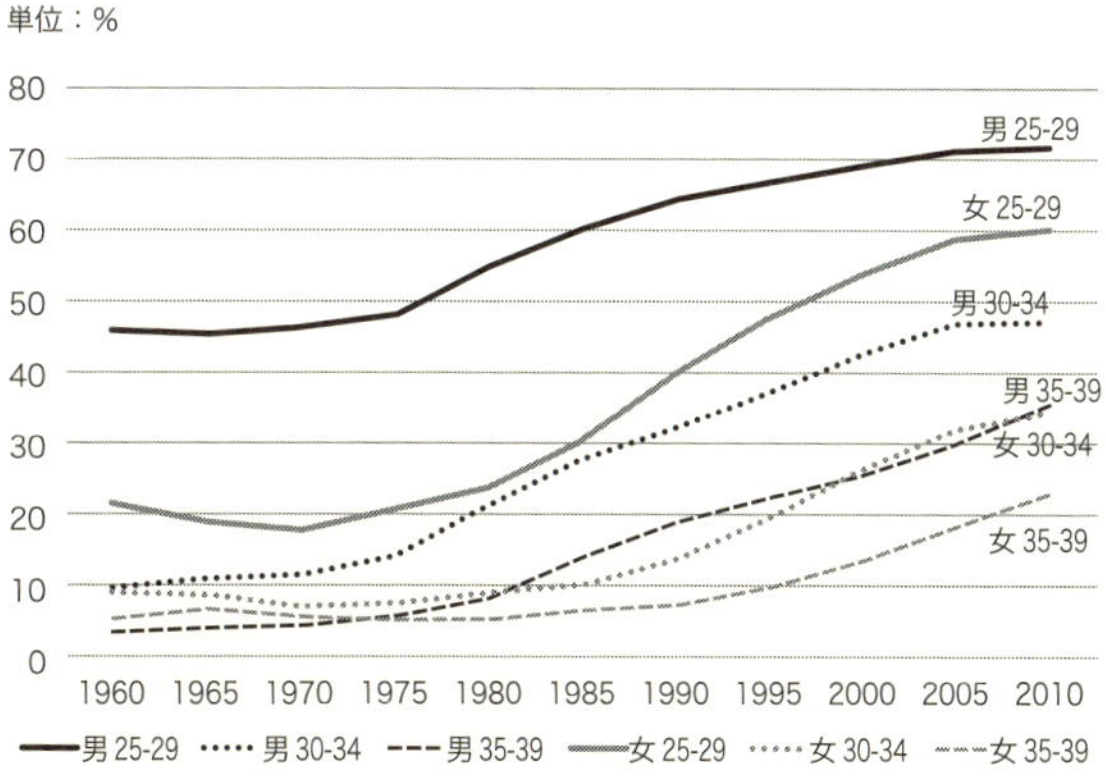

出典：総務省「国勢調査（2010年）」をもとに著者作成
（1960～70（昭和35～45）年のデータに沖縄県を含まない）

大学を卒業した女性の多くが就職することをふまえると、労働人口の減少が指摘される現在、これはプラスにとらえていいと思います。一方、晩婚化や出生数の低下、つまり少子化にもつながるため、墓問題の視点からみた場合、やや複雑な心境にもなってしまいます。

「M字カーブ」という言葉をご存知でしょうか。大学や高校を卒業後に就職した女性が、結婚や出産などで退職し、子育てが一段落した年齢で再び働き始める「就職─退職─再就職」のライフコースをアルファベットの「M」であらわしたものです。

欧米諸国と比べたとき、日本の女性の「M字カーブ」は「谷が広く深い」といわれていました。つまり、結婚・出産を機に退職すると、再就職するまで期間が長く、人数も少なかった。1990年代以降は、カーブの底が少しずつ上がっているという見方もあります。

つまり、退職から再就職までの期間が短縮し、人数も増えている。「一時退職・再就職型」から、「就業継続型」のライフコースへと変わってきているのです。背景には、女性の積極的な登用、子育て支援の充実などの政策がありますが、それだけでなく、配偶者を含めた「家族観」の変化もあるはずです。女性がキャリアを継続する働き方は今では珍しくないし、今後、それを支援する仕組みもどんどん生まれていくはずです。そうした変化の中で、女性たちは家族、そして墓の問題とどう向き合っていくのでしょうか。

高齢者だけの世帯が増えている

人口動態のトレンドとして少子化をあげましたが、日本の人口を世代別の分布であらわすと、高齢者が多くて若い世代が少ない逆三角形になります。今後「多死社会」を迎えるのは明らかであり、医療や福祉はもちろん、墓の管理など、残された者たちに大きな負担となるはずです。

若いときは、自分が60代、70代になる姿をなかなか想像できないものですが、高齢化にまつわるいくつかの数字がきっかけになるかもしれません。

厚生労働省の「平成28年国民生活基礎調査の概況」をみると、1986（昭和61）年には、65歳以上の高齢者がいる世帯が全世帯に占める割合は「26・0パーセント（976万

「離婚数」

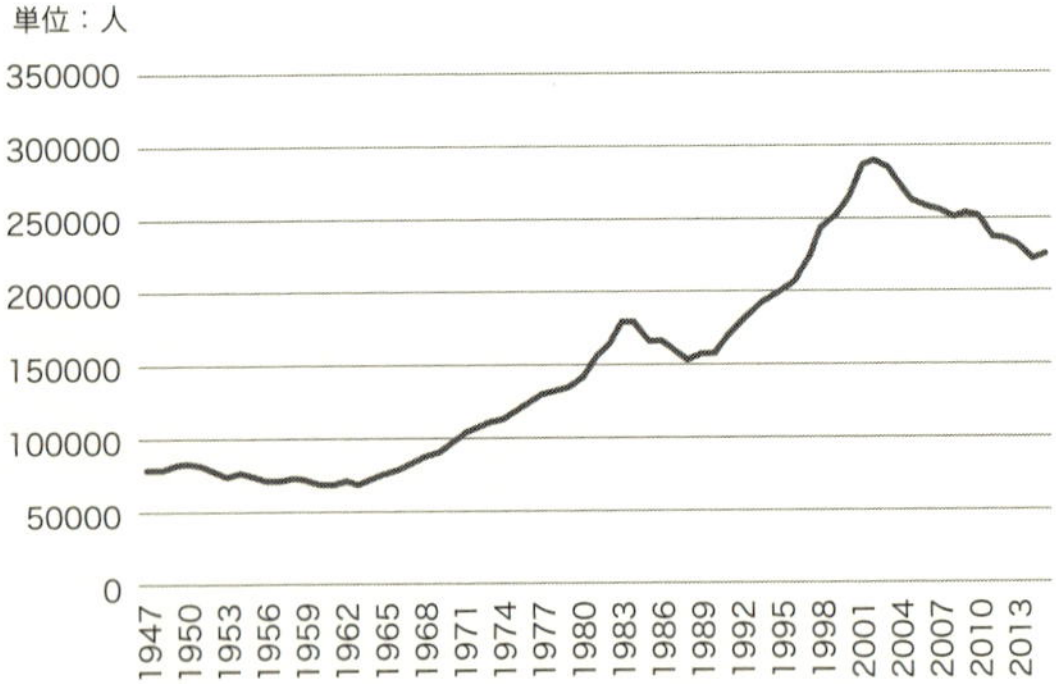

出典：「平成27年（2015）人口動態統計の年間推計」をもとに筆者作成
（1972（昭和47）年以前は沖縄県を含まない。2014（平成26）年までは確定値、2015（平成27）年は推計値である）

9000世帯）」で、約4世帯に1世帯。平成28年はというと、「46・7パーセント（2357万2000世帯）」で、2世帯に1世帯まで増えています。

そのうち、単独世帯は「595万9000世帯」、夫婦のみの世帯が「724万2000世帯」。65歳以上の半数が、夫婦のみ、または単独で生活しているわけです。「独居老人」の問題が浮き彫りになります。

他にもいくつかデータをみてみましょう。

国立社会保障・人口問題研究所発表の「日本の世帯数の将来推計（全国推計）2013（平成25）年1月推計」によると、今後も65歳以上世帯は増加すると予測。戦後、家族のあり方は核家族化が大きなトレンドとなりましたが、そこに少子化などの要素が加わったことで、「高齢世帯の核家族化、独居化」が進み、その流れは今後も止まらないとされています。

少し視点を変えて、内閣府が実施する「国民生活に関する世論調査」をみてみます。1999（平成11）年から「老後は誰と、どのように暮らすのがよいか」という質問項目が加えられていますが、質問初年の平成11年、最も多かった答えは「子どもたちとは別に暮らすのがよい」で「30・6パーセント」。以降の調査でも、4割前後の数字をキープしています。

ほぼ3人に1人は「子どもと別がいい」と答えているのは、ちょっと驚きではないでしょうか。

この数字、内訳を詳しくみるとさらに興味深い。「子どもたちと別に暮らすのがよい」と回答した人の多くは雇用者、つまり「今も何らかの職に就いている人」です。自立して生活できているため、「子どもの世話になりたくない」という意識が強くなるのでしょうか。

「息子夫婦との同居が望ましい」と答える人には自営業者が多く、これは「親の面倒は仕事の継承とともに、息子（順番としては長男から）がみるもの」という、家父長制度の名残りかもしれません。また「どの子でもいいから近くに住みたい」と答えた人には女性が多く、これらは調査開始当初からの傾向です。

このデータと、国立社会保障・人口問題研究所が2011（平成23）年に発表した「第7回人口移動調査」のデータを合わせてみましょう。ここには、生まれたときと現在の居住地に関する数字があり、居住地が同じ人は「21・1パーセント」。初婚直前の居住地と現在の居住地が同じ人は「10・7パーセント」となっています。

1976（昭和51）年の第1回目の調査にも類似のデータがあり、それによると、生まれたときと調査時の居住地が同じ、つまり定着率は「51・1パーセント」という高い数字を示していました。

こうしたデータから読み取れるのは、先祖の墓がある（かもしれない）地域に住み続ける人はどんどん減っていること。自営業で事業を継ぐ可能性がある場合や、近隣に子どもが住んでいるなら、「老後は子どものところで」が本音なのではないでしょうか。

遠く離れた場所に住んでおり、自分はまだ職に就いている場合は、「できるだけ子どもの負担にならないように」という思いから、「子どもたちとは別に暮らすのがよい」という回答が多くなっている。そんな気がします。

親との近居を望む人たち

ここまでみてきたデータは、いわば「行きすぎた核家族化の課題」ですが、近年、別のトレンドも生まれているようです。２０１４（平成26）年に内閣府が発表した「家族と地域における子育てに関する意識調査」によると、理想の家族の住み方についての問いに対して、男女とも親との近居をあげる傾向が強くなっています。

内訳をみると、「(父方＋母方)祖父母と近居」が31・8パーセント、「祖父母と同居」が20・6パーセントで、親との近居を望む割合が5割を超えていました。

では、子育て世代にある30〜40代に限るとどうでしょうか。国土交通省の「若年・子育て世帯、高齢世帯の現状と論点」によると、「祖父母と近居」または「同居」を理想とする回答が約6割となっています。

もう一つ、親世代の声をまとめたデータをみてみます。２０１４（平成26）年に厚生労働省が発表した「人生の最終段階における医療に関する意識調査報告書」によると、「自宅介護」を望む65歳以上の人は3〜4割。療養の必要がある場合も、自宅をベースにしながら、通院による医療機関での加療を望んでいます。「最後は自宅で」と思うのは、いつの時代も変わらない心情のようです。

データから少し離れ、家族を取り巻く「現象」にもふれてみます。

社会学者の山田昌弘が命名したとされる「パラサイト・シングル」。学校を卒業した後も、親に依存しながら生活する未婚者を指した言葉で、親を宿主として寄生（パラサイト）しているように見えるところからのネーミングです。現代日本の課題の一つを浮き彫りにした言葉として話題になりましたが、確かに、宿主にあたる親が他界した後、彼らはどう生きていくのでしょうか。

今は「パラサイト・ダブル」という言葉もあります。これは精神科医の和田秀樹（2004）が著書『パラサイト・ダブルならうまくいく！』で提唱した生活スタイルで、結婚しても妻の親と同居し、親に援助してもらいながら生活すること。経済問題、教育問題、介護問題から逃れる賢い方法だとしていますが、「サザエさん」のマスオさんをイメージすればわかりやすいでしょう。

また「友達親子」、マーケティングライターの牛窪恵（２０１５）が著書『恋愛しない若者たち』で表現した「親ラブ族」など、結婚しても親の近く、特に母親の近くに住む人が増えています。イエ制度はとっくの昔に廃止され、どこで・誰と暮らしても自由なはずなのに、近年は、特に子育て世代ほど親の近くに住み、生活面でお互いに助け合うのが望ましい、と考える傾向が強くなっているようです。

この流れが新しい家族の形を予見させるものなのかは、もう少し時間をかけて見守る必要があると思います。

増える一人世帯

では、現代の家族の様子を、世帯数・世帯人員数という基本的なデータからみてみましょう。２０１５（平成27）年「国勢調査」によると、日本の総世帯数は約５３４０万３０００世帯。前回２０１０（平成22）年の調査で初めて５０００万世帯を超えていましたが、さらに増加傾向にあります。１世帯あたりの人員は「2・33人」で、これは前回調査の「2・

46人」よりも減っています。

世帯人数別にみると、最も多いのが「一人世帯」で1678万5000世帯、一般世帯全体の3割を超えています（一般世帯は、総世帯数から寮や寄宿舎、入院患者などを除いた世帯数を指す）。家族類型別にみると、「単独世帯（世帯人員が1人の世帯）」は1841万8000世帯（一般世帯の34・6パーセント）。「夫婦と子どもから成る世帯」は1428万8000世帯（同26・9パーセント）。「夫婦のみの世帯」は1071万8000世帯（同20・1パーセント）。「ひとり親と子どもから成る世帯」は474万8000世帯（同8・9パーセント）。

昭和10年の国勢調査の数字をみると、世帯数は1338万世帯と、現在の3分の1以下ですが、1世帯あたりの人員は「5・01人」。現在の倍以上となっています。つまり、1945（昭和20）年の民法改正を境に、核家族が増え、3世代同居は減っていった。1世帯あたりの構成人員も減り、現在は一人世帯が増えている。マクロ的にはこうした流れを読み取れます。

構成人員が少なくなる一方で、前述したように、家族を大切にしたいという思い、親・

子どもの近くで暮らしたいという声は強くなっています。家族が小さくなったことで、親を介護する、子どもの面倒をみるなどについては、今まで以上に家族で支え合わなくてはいけない状況になっています。

もちろんアウトソーシング（介護や子育てを外部に委託）することもできます。でも、そうしたサービスは人口の多い都市部に集中しがちで、広い目でみると供給不足は否めません。また特にケア領域に関しては、「家族の手で」といった考えがまだまだ強いようにも感じます。

以前は、「お互い様だから」と、隣近所との支え合いで成り立っていたことも、隣近所との付き合いが希薄になっており、特にマンションなどの集合住宅では付き合いを望まない人も多いため、「家族で支え合う」か「業者に委託するか」の選択になっているのかもしれません。

変わる女性の役割

戦後から現代の家族の変遷で、その役割が大きく変わったのは女性たちだと思います。「女性の社会進出」（女性が会社勤めをすること、ないしは職業をもつことは当時から現在までこのように呼ばれました）が語られるようになったのは、働く女性が増えた１９７０年代後半から。女性の大学進学率も既婚女性の就労率も上昇し、キャリアウーマンの活躍や、結婚に消極的な女性の姿がマスコミに取り上げられました。

表面的には、女性たちのライフコース、選択肢が多様化し、自由が増大したように思えますが、山田（２００１）は、その背後で「女性の経済生活の格差の拡大」があると指摘しています。これは今に始まったことではなく、１９７３年のオイルショック以降、じわじわ進行してきたはずです。

経済の低成長下でも、バブル崩壊までは終身雇用は保持され、失業率は低いままでした。ただ、給料が右肩上がりで伸びるわけではなく、年功序列の賃金評価が瓦解したことで収入の格差が生まれます。以前は、そこそこの収入がある男性と結婚すれば、女性は専業主婦として家事、育児に専念できました。夫の収入が増えなくても、パートで少し補えば、

「世帯と人員数」

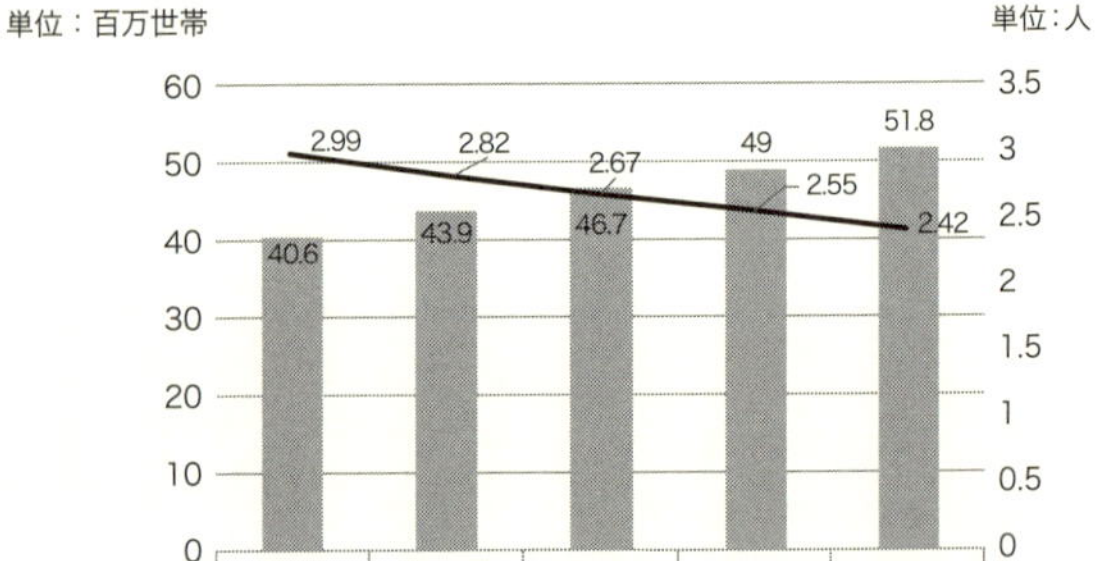

	1990年（平成2年）	1995年（平成7年）	2000年（平成12年）	2005年（平成17年）	2010年（平成22年）
一般世帯数（単位：百万世帯）	40.6	43.9	46.7	49	51.8
人員数（単位：人）	2.99	2.82	2.67	2.55	2.42

出典：「平成22年国勢調査人口等基本集計結果数値」をもとに著者作成

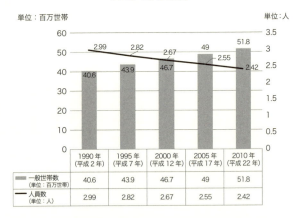

なんとか「中流の暮らし」を維持できたのです。

ところが、1990年代以降の不況により、男性の収入は伸びないどころか目減りする傾向が続きます。女性にとって、結婚は「働かなくて済む自由」を手にする機会ではなく、「子どもを産み、育て、さらに（働きたくなくても）家計を支えるために働かなくてはいけない」リスクとなる可能性もあり、結婚を回避する、遅らせる女性が増えます。それが未婚率の上昇の一因だったのは間違いありません。

現在、格差はより明確になっています。

高収入の夫＋高収入の妻（それぞれの親も裕福）の家族と、低収入の夫＋低収入の妻（それぞれの親にも余裕がない）の家族という二極化が進み、それは子どもの教育格差にもつながり、将来的な「格差の固定」を生み出すとされています。女性の社会進出、自由な選択と言えば聞こえはいいものの、その背景にはこうした格差があることを忘れてはいけないと思います。

山田（2001）は「家族の負担の格差」も広がったと指摘します。高齢化が叫ばれて久しい日本社会ですが、寿命が延びた分、介護を必要とする期間が長くなるという見方もできます。長男以外と結婚したり、親が「ピンピンコロリ（高齢で元気でぽっくり亡くなる）」など、介護負担の軽い人がいる反面、介護負担の重い高齢者を抱えてしまう人もいる。ここでいう「人」は、多くの場合は女性です。

高齢化社会を迎え、老人ホームや介護施設は充実してきています。ですが、地域によっては施設の入居待ちもあるし、収入が思うように伸びない状況で、施設の費用負担は家計に大きな影響を与えるでしょう。

育児にも格差はあります。例えば、親が近くに住んでいれば育児をサポートしてもらうことも可能で、無理のない共働きも可能になるかもしれません。ですが、サポートを期待できない場合は、家事・育児・仕事に奔走するか、仕事を諦めるかの選択を迫られます。仕事を諦めたものの、経済的に余裕がなく、教育に十分な投資をすることができず教育格差が広がることになってしまうかもしれません。

マスコミは「キャリア、自由」など耳触りのいい言葉ではやし立て、国は「女性の活躍」を政策として掲げています。が、実情をふまえているといえるでしょうか。現実には、自分の希望するような生き方、キャリアを自由に選択できる女性は少ないのかもしれません。

落合（1994）は、家族の揺らぎについて、「当時の人々が『これこそ家族だ』と思っていた家族像は、実は近代家族という歴史的存在に固有の特徴」にすぎないと記しています。21世紀を迎え、この考えはより明確になり、もはや国や誰かが決めた標準的な形で、家族をひとくくりに考えるのは難しい状況になっている。そういえるはずです。

家族のあり方はいろいろあっていい

あらためて、「家族」とは何でしょうか。

民法において、親族は「6親等以内の血族と3親等以内の婚族」と定められていますが、「家族」が何を指すのか法律では定めていません。森岡清美（1972）は家族の定義について「夫婦関係を基礎として親子・兄弟等近親者を構成員とする」としていますが、そこには社会の維持や存続のために必要な制度・単位と意味が含まれていたはずです。1970年代当時はその解釈でよかったのでしょう。

ですが、状況は変わっています。山田（２００４）は、「家族範囲は主観的に決まる」としています。イエでも血縁でもなく「主観」で決まるという視点は、現在の家族像を語るときに極めて重要だと思います。

それをより明確にしたのが上野千鶴子（１９９４）で、「自分にとって家族は誰なのか」という問いに対して「ファミリーアイデンティティ」を提唱しました。

私が家族と認めている人が私の家族であり、その人はもしかしたら、私を家族だと思っていないかもしれない。家族は血縁、役割、形態で決められるものではなく、親しい友人や知人、人間ではないペットやパソコンまで「私が家族だと思えば」、それは立派な家族。自らの意思、選択で家族を決められるというのです。

そもそも「家族」という言葉ではなく、主観、心情的な部分でのつながりを重視した「親密圏」という表現も生まれています。婚姻届を出さないで一緒に暮らしている人。同性愛カップル。友人・知人によるシェアハウス暮らし。ペットファーストの暮らし等々、何を

「"家族"と言われ頭に思い描く人」

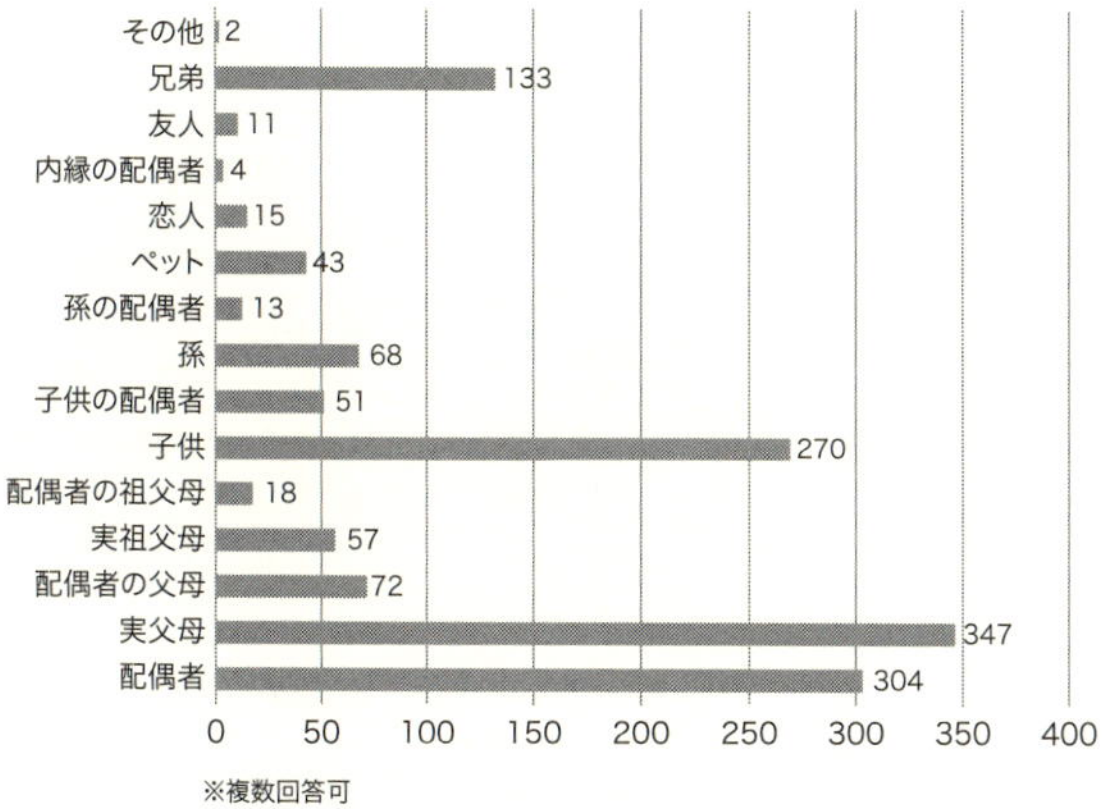

出典：アンケート結果より著者作成

親密圏に置くかは人それぞれです。高齢の女性たちが一緒に暮らすための「シニアハウス」もあります。

それを家族といえるのか。解釈はさまざまですが、例えば携帯電話の「家族割引」などの割引オプションでは、「誰を家族とみなすのか」のルールが会社によって異なります。必ずしも血縁である必要はなく、親密圏の人であっても「家族」とみなされるケースもあるのです。

親は子どもを選べないし、子どもは親を選べません。ですが、戦前までのようにイエに縛られる必要はないし、核家族という枠組みに執着する必要もない。もちろん相応の責任は伴いますが、「みんなと同じ」であるより、主観を含めてより柔軟に家族をとらえていい時代になっているようです。

第2章

家族が変われば お墓も変わる

外国のお墓はどうなっているのか

本書のメインテーマは、葬送や墓のあり方、人々の意識の変化を通して見る「日本の家族像」です。死はすべての人に訪れる人生の最終ステージであり、そこにまつわる葬送や墓も、形は少しずつ違っても、根本にある思いはみな、同じはずではないでしょうか。それを確認する意味も込め、この章の最初で外国の事情について、少しだけふれておこうと思います。

お墓にあまりこだわらない欧米

墓や葬送のやり方に対する意識は、信仰する宗教はもちろん、その国や地域の歴史、文化的な背景によっても異なります。

日本では「墓を残すのが当然」と思いがちですが、キリスト教の場合、墓という存在には必ずしもとらわれていないようです。例えば、日本と同じく火葬の割合が高いイギリスでは、納骨するのではなく散骨が主流で、場所には海または墓地内にある「散骨エリア」が選ばれることが多いといいます。

土葬する場合は、棺桶を墓穴に埋め、会葬者が土をかけ、墓標として樹木を植えることもあります。英国式の庭園を愛し、自然保護への意識が高いイギリスらしい葬送の形、なのかもしれません。

ドーバー海峡を挟んだフランスに目を向けると、以前は土葬中心でしたが、パリなどの大都市部では徐々に火葬の割合が増え、散骨される割合も高まっています。背景にあるのは、２００８年の火葬と墓地に関する法改正。遺骨を自宅で保管できなくなり、散骨場所が増えたことが一つの要因と考えられます。

近年は宗教・宗派にとらわれない最期を希望する人も増え、これも火葬と散骨を後押ししている要因の一つではないでしょうか。また、パリの市営墓地は市街中心にあり、多くの著名人が眠る観光地としての側面も持っています。

ドイツでは葬儀のとき、火葬が始まると遺族は帰ってしまい、係員が遺骨を骨壺に納めて、公営墓地の納骨堂へというのがお決まりのパターン。土葬の場合、期限付きの公営墓地を利用する人が多いそうです。

欧州各国の墓に対する意識は、日本人の感覚からすれば、いささか「ドライ」に思えるかもしれません。ただ裏を返せば、日本人は遺体、遺骨に対する執着心が強い、ともいえます。

やがて来る最後の審判の時、「肉体がないと復活できない」という信仰を持つ人が少なくないアメリカでは、歴史的に土葬がほとんどでした。ただ、土壌汚染や土地不足などの理由から、最近は徐々に火葬も増えています。

火葬後は墓をつくって埋葬することもありますが、散骨、また自宅に持ち帰って、今風に言えば「手元供養」的な選択をする人も。欧州同様、「どうしても墓をつくらなくてはいけない」という感情は、さほど強くないようです。

欧米同様お墓にこだわらないインドとイスラム圏

ではキリスト教圏以外はどうでしょうか。

ヒンドゥー教徒の多いインドでは、ガンジス川の光景に象徴されるように、屋外で遺体を焼き、そのまま灰を川に流す水葬が中心でした。そもそもヒンドゥー教には墓をつくって守るという発想がなく、火葬場での火葬が増えている現在でも、ほとんどの場合、遺骨は散骨されています。

イスラム圏はどうでしょう。

以前は、遺体の右側を下、顔は聖地メッカの方向を向くように土葬して、目印として自然の石を置くだけでした。最近は墓碑がつくられるようになっていますが、そもそもイスラム教では偶像崇拝が禁止されているため、立派な墓をつくり、供養や崇拝の対象にする文化はなじまないのかもしれません。

先祖を崇拝する儒教の影響が強い中国のお墓事情

墓に対して強い執着、思いを示すのは、日本、中国、韓国など東アジアの国々です。墓に納められた先祖を崇拝の対象とする儒教文化の影響が強いため、必然的に墓に対する関心も強くなるというわけです。

儒教を簡単に言うと、中国の春秋時代の思想家、孔子が唱えた倫理道徳の規範であり、人への思いやりを根幹としている思考・信仰の体系。思想はもちろん地理的にも近いため、中国と韓国の墓に対する意識は、日本と似た部分が多くあります。

儒教では、死後の魂は天に昇り、死者は生前と変わらぬ姿で生活するとされ、遺体は土に埋めて土葬していました。陰陽風水説によって埋葬の場所、日時の吉凶を占い、墓相を重んじたといいます。

中国において、状況が大きく変わったのは1950年代。毛沢東が火葬の推奨を始めますが、理由は人口増加に伴う森林資源や農地の確保でした。その後、経済発展に伴う都市部への人口集中により、1985年に中国全体を沿岸部と内陸部に分け、沿岸部には火葬を義務付けます。火葬の後は墓地や納骨堂に納めますが、その結果、都市部の墓地は高騰し、都市部に住む人が家の近くに墓を持つことができず、近隣地域に遺骨を納めることもあるそうです。

墓参りは4月の初旬にあたる清明節に行います。国民の祝日であり、地方出身の者は帰省し、家族みんなで墓を掃除して、花を手向ける。日本のお盆と似ています。

今、中国ではこうした葬送のあり方に変化が起こっていますが、その背景にあるのは2015年まで続けられた「一人っ子政策」。1979年に始まったこの政策は、原則として1組の夫婦から子どもは1人と制限し、遵守を宣言した夫婦は優遇。違反した夫婦には厳しい罰則を科しました。

国策として子どもを減らしたわけですが、その結果、2000年代に入ってから労働力不足、少子高齢化が目立つようになります。これを表現する言葉が「421社会」。祖父母4人、親2人、孫1人を意味しており、人口構成は極端な逆ピラミッドになります。同時並行で都市化が進み、農村部の人々は都市部へ出稼ぎに出るようになったため、核家族化と都市への人口集中が進みました。

すると、地方では若者が老人を支えられなくなり、老後の面倒はもちろん、死後の葬送や供養に関しても、地域社会には大きな不安が生まれています。日本とやや違うのは、国が豊かになる前に少子高齢化が始まってしまったという点です。

中国と共通する韓国のお墓事情

では、韓国はどうでしょう。

中国同様に儒教と風水の影響を受けており、中でも儒教の「孝」、親を大切にする親〝孝〟行の考えが強く根付いています。そのため生前も死後も、親を大切にするという考えから、風水の吉方位へ墓地を構え、お茶椀をひっくり返したような真ん丸い形に土を盛り、一人ずつ土葬していました。

しかし、中国や日本と同様、韓国でも都市への人口集中と墓地用地の不足、そして少子化によって、墓地管理の後継者不足に直面しました。とりわけ韓国は国土が狭く、日本の約26パーセント。さらに国土の約80パーセントを山間部や農地が占めています。人口は都市部、特にソウルとその周辺地域に集中しています。

日本以上に少子化状態は深刻で、２０１６年の合計特殊出生率は１・17人。今までのように大きな墓地を用意し、管理していくのが大きな負担となるのは明らかです。

中国も韓国も、時代の移り変わりとともに葬儀、そして墓に対する意識は変わってきていますが、日本の場合はどうでしょうか。墓と墓に対する意識はどんな変遷をたどったのかを、続いて俯瞰してみようと思います。

日本のお墓も時代によってずいぶん違う

土葬中心だった縄文から飛鳥・奈良時代

現在の日本では火葬が主流ですが、はるか昔は土葬が中心でした。

『日本書紀』には「葬は蔵すなり、人の見ること得ざらんことを欲す」とあり、遺骸を人に見られないよう隠す他に、ここには死者に対する恐れの意味もあります。そこで、埋めた後は二度と出て来られないように重い石を置く。これが墓石の始まりでした。

縄文時代の遺跡からは、集落の一部、または隣接地に死者の埋葬地があったことを示す痕跡が全国で確認されています。埋葬の仕方には特徴があり、手足を折り曲げ、しゃがんだ姿勢の「屈葬」や、胸部から腹部にかけ大きな石を乗せた「抱石葬」、厚い板に乗せられたものも。他に、樹皮を舟形に編んだ施設に入れられたもの、漆を塗った網布で包まれたものなど、さまざまなスタイルで葬られています。

3世紀から7世紀ころにかけて、天皇や豪族、地域の有力者は古墳に埋葬されるようになります。仁徳天皇陵（大仙陵古墳）の前方後円墳が有名ですが、古墳の形は円墳や方墳、前方後方墳など実にバラエティ豊か。大和地方には、今も誰のものかわからない大小さまざまな古墳が残されています。

副葬品の量から察すると、埋葬費用は膨大で、古墳づくりが民衆に多大な負担をかけていたのは間違いありません。そこで、大化の改新の翌年646（大化2）年には、葬儀に人手やお金をかけることを禁止する「薄葬令」が出されたほどです。

古墳時代を経て、日本で火葬が始まったとされるのが8世紀ころ。『続日本記』には、道昭という遣唐使のメンバーでもあった法相宗の僧侶が、火葬されたのが最初と記されています。他に「仏教が入る以前から火葬が行われていた」とする説もありますが、8世紀ころまでには火葬が広く知られるようになったという認識でいいのではないでしょうか。

上の階層に火葬が広まった平安から鎌倉時代

続く平安時代・鎌倉時代は、日本の墓を語る上での最初の転換期でした。

火葬後、残された焼骨を骨壺に入れて仏教寺院に納骨したり、遺骨を墳墓に納めたりする風習も生まれました。とはいえ、平安時代は古墳に埋葬されるのも、火葬して骨壺に入れられるのも、あくまでも上層階層の一部の人。多くの下層階層では、簡易的な土葬、風葬、または遺体放置・遺棄とも呼べる行為が習慣化し、暮らしの身近な場所に遺体が転がっているのも珍しくない光景だったはずです。

また、15世紀以降の墳墓は、火葬土坑という火葬に用いた穴をそのまま墓とする遺跡が発見されており、火葬の普及をうかがい知ることができます。

寺檀関係ができ、庶民がお墓を持つようになった江戸時代

庶民文化が花開いた江戸時代。葬送は地域や地位によりさまざまな形態を示すようにな

り、庶民が現代のように墓を建てるようになったのもこのころです。今でいう自治体的な村が各地に形成され、既存のお堂が寺になったり、新たに寺が建てられたりしていきました。僧侶が住むと、村はずれの墓地（のようなもの）が寺と結びつき、農民と寺の結びつきが生まれました。これが原始的な「寺檀関係」といえます。

戦国の世を遠く過ぎ、幕藩体制が整ってくると、幕府はこの寺檀関係を利用して、日本各地で庶民を管理しようと考えるようになりました。キリシタンや日蓮宗の不受不施派を弾圧する手段の一つとしての意味も含め、全国民をどこかの寺に所属させ、寺院にキリシタンではないことを証明させる「寺請け制度」をつくったのです。

全国に張り巡らされた監視・管理システムで、国民はすべて仏教徒となり、寺を通じ仏教が庶民へ浸透し、庶民の葬式や法事を菩提寺の住職が行うようになります。村落共同体を重んじていたこの時代、死者が重要人物である場合、組織のあり方に大きな影響を与えるため、葬式組と言われる相互扶助によって葬式や墓穴掘りを行っていました。

余談ですが、「村八分」とは江戸時代、村落共同体の秩序を保つために行われる制裁処分で、簡単に言えば「仲間外れ」にするということでした。十分のうち八分の交際を断つという意味ですが、残りの二分の1つは火災、もう1つは葬式でした。死者の対処が、当時の人々にとって手数が必要な大事であったことがうかがえます。

寺請け制度は幕府、寺社双方にメリットのある制度で、うまく管理してくれる限り、幕府は寺社にわずかな領地を与えるなど政治的、経済的な保護を行うようになりました。江戸時代が太平の世といわれるのは、隔年ごと（一部に数年ごと）の参勤交代で諸大名を管理しただけでなく、効率よく庶民を管理する仕組みがあったことも大きい。その基盤になったのが寺檀関係なのです。

江戸時代中期になると、民衆調査のための台帳「宗旨人別帳」がつくられました。

これは現在の住民票や戸籍、納税台帳の役割を果たし、さらに「この者は当院の檀家である」ことを証明する寺の印が押されるものです。つまり、寺は市、区役所、税務署、その出張所的な役割も果たしていたといえます。

旅行はもちろん、自由に各地を移動することを制限されていたこの時代、関所を通過するのに必要だったのが通行手形。それも「宗旨人別帳」をもとに寺院が発行するなど、幕府は寺檀関係を実に巧みに利用していました。

この時代の庶民は、地縁・血縁の中で生まれ、育ち、死んだ後は寺檀関係にあるお寺に埋葬され、非常に狭いコミュニティで人生は完結していました。行政が管理するために、これほど都合のいいシステムはないでしょう。

江戸時代も、初期のころは経済的なゆとりがなく、埋葬するとしても、一部の有力者を除けば墓石を建てることはできませんでした。しかしながら、中期ころにもなると貨幣経済が発展し、町民だけでなく農民にも多少の経済力がつき、少しずつ墓石を建てるようになっていきます。遺体を遺棄するのも珍しくなかった、前時代からの変化が顕著にあらわれています。

大きく変わった近代以降のお墓

明治時代以降、お墓もイエ制度に組み込まれる

日本史上の、最も大きな転換点でもあった明治維新。３００年近く続いた徳川幕藩体制から近代国家へと生まれ変わるために、新政府はさまざまな改革を実行していきます。

西洋諸国の国家統治に、宗教（主にキリスト教）が深く関わるのを模範としたのか、新政府は天皇中心の神道国教化政策をとり、１８６８（慶応４）年に出されたのが「太政官布告（通称「神仏分離令」）」。これは寺檀制度を解消し、仏教を分離することで、神道を国家統治の基幹にすることが狙い。仏教排斥を意図したものではありませんでしたが、結果的に廃仏毀釈運動と呼ばれる、寺院や仏像などの破壊活動につながってしまいました。

運動は全国的な広がりを見せたものの、供養と墓の守りを通じて地域社会に深く根差した寺と、そして仏教そのものを衰退させるには至りませんでした。この運動には、寺檀制度のもと、民衆を管理することで幕府から特権を与えられ、長年の癒着から腐敗した仏教界への反発という側面もありました。近代化により藩政時代の特権は失われ、仏教界に変革を促したという意義は大きいといえるでしょう。

この時代は、墓と日本人の結びつきを考える際も、日本社会の方向性が定まるという側面でも、大きな意味を持つ出来事がありました。「イエ」の認識です。

「宗旨人別帳」に替わる新しい基本台帳では、江戸時代、平民は持っていなかった名字を持ち、家族を同じ名字でくくり、一戸ごとに戸主を筆頭に構成される「イエ」という形態をとりました。また、墓の扱いについても「イエ」が重視され、1898（明治31）年に施行された明治民法第987条には、「系譜、祭具及び墳墓の所有権を承継するは家督相続の特権に属す」と記されていました。

明治民法が示す「家督」は直系の嫡出男子が単独で相続するものとされ、つまり実長男だけが「イエ」を継ぐことができる。この後、明治、大正、そして太平洋戦争による敗戦まで「イエ制度」は法的に維持されていきます。

日本人は「イエ」意識を持ち、代々つながる永続性の象徴として墓があり、家督と同時に世代を超えて祀ろうとしてきました。祭祀は仏教の僧侶に委ねられ、イエ・先祖・仏教の相互補完関係によって「ムラ」社会が形成されていました。それは強い結びつきと、永続性を持つと考えられていたのです。

明治時代にはもう1つ、日本の墓の方向を決定づけた出来事があります。

1873（明治6）年、政府は太政官布告において火葬禁止令を布告。市街地に隣接する火葬場では、臭気や煤煙が近隣住民の健康を害していると問題になり、神道派の主張も受け入れての決定でした。

当時、明治維新後の政策によって住居・仕事・墓地の分離が生じており、人口集積が進む都市部では土葬する土地が不足していたため、公営墓地を造営することになります。それが東京の青山墓地、大阪の天王寺墓地で、同じころ、東京の谷中墓地、染井墓地、雑司ヶ谷墓地も造営されました。

ただ、人口集積が進む中での火葬禁止は、あまりにも現実離れした政策であり、また公衆衛生の観点からも火葬再開を求める建白書が相次ぎ、布告からわずか2年後の1875（明治8）年、火葬禁止は解除。ここから火葬化が一気に進みます。それでも、やがて都市部だけでは収容できなくなり、1923（大正12）年には多摩墓地（後に多磨霊園に改称）が設置されるのです。

多摩墓地は欧米の公園型の墓地をモデルにしていますが、日本の公園型墓地の雛形でもあり、以降、つくられる墓地のほとんどはこれをモデルにしていました。同時に、家族と土地に「直接のつながりがない」地域に、墓地が造成されるケースも増えていくことになります。

戦後、イエ制度はなくなったが人々の意識は？

1945（昭和20）年8月15日、終戦の日を境に、日本の社会は明治維新以来のドラスティックな転換点を迎えました。進駐軍の占領下で行われた政治、経済、教育などさまざまな分野での変革により、大きく変わっていった国のあり方。その象徴が「日本国憲法」

であり、民法、刑法なども刷新されていきました。

そんな中、1948（昭和23）年に「墓地、埋葬等に関する法律」、通称「埋墓法」が制定されています。目的としているのは「墓地、納骨堂または火葬場の管理および埋葬等が、国民の宗教的感情に適合し、且つ公衆衛生その他公共の福祉の見地から、支障なく行なわれる」ことでした。

ただ、内容的には明治時代の墓の法律とあまり変わっておらず、その法制下で経済復興期、高度経済成長期を迎えたことによって、法律と現実の間には次第に齟齬が生じていくことになります（この件に関しては後述）。

前章でもふれたように、戦後に制定された新民法により「イエ制度」は廃止され、新しい家族の概念として「夫婦制家族」が掲げられました。戦前までの家族制度は〝承継〟を前提としていましたが、この部分に関して大きく方向性を変えることになります。

財産について、明治時代の民法では〝家督相続人の優先〟が明記されていましたが、現行の民法では〝兄弟姉妹が均等〟に相続するのが原則となりました。ただ、祭祀と墓については曖昧な表現となっており、民法第897条には「慣習に従って先祖の祭祀を主宰すべき者がこれを承継する」と書かれています。

ここでいう「慣習」とは何を指すのでしょうか。

歴史を多分に含むものだとすれば、明治の民法下で家督相続人とされていた実長男の承継が最も慣習に近いはずです。事実、「民法」に明記されていないものの、現在に続く日本の社会においては、今なお「お墓は長男が守るもの」という意識が色濃く残っています。

復興期〜高度経済成長期「墓地の都市化」の時代

戦争末期、東京、大阪などの大都市は空襲、火災などで大きな被害を受けたため、戦後は墓地の移転が進みました。戦前まで居住地域の近くにあった墓は切り離され、墓地の遠隔化が顕著になっていきます。

前章でふれた通り、都市への人口流入がさらに活発になり、その結果急増したのが、夫婦とその子どもで構成される核家族。都市には地縁を失った世帯が増加し、また個人所得は右肩上がりで上昇していたため、「自分の墓」を求める声が強くなっていきました。そして新たに浮上したのが、「墓地用地をどう確保するか」という問題です。

この土地不足の問題は、都市人口の増加、核家族化、高度経済成長による所得増などの視点で語られますが、以前から潜在的な問題として存在していた、ともいえます。この時期に「自分の墓」を求めたのは、戦後に流入してきた人だけではありません。大正から昭和初期に増加した、都市生活を営む戦前型近代家族も多く含まれていました。

その証拠として、明治・大正の時代に開設した都立霊園が複数あることです。そこに戦後の都市流入組が加わり、将来の供給難が見込まれたこともあり、〝さらなる〟需要増加を見据えた土地不足だったのです。

問題を解消すべく登場した民間墓地は、都市の中心部から遠距離にある大規模な施設で、使用者の居住地や宗派、家族形態や申込者の資格は問わず、価格は市場原理で決まります。こうした霊園が次々生まれた１９６０～70年代（昭和40～50年代）は、「墓地の都市化の時代」ともいえます。

バブル期〜1990年代
お墓の大転換期

日本人と墓の関係は、1990（平成2）年ころに大きな転換期を迎えました。墓に関する研究や書籍、ニュース記事などに目を通せば、ここ（1990年ころ）が転換期であることについて、異を唱える人はいないでしょう。

ここに至るまでに何度かあった大転換は、社会システムの変化に端を発していました。いくつかの要素が絡み合い、いわば自然発生的に生まれたものだったのに対し、この時期の変革は、葬送や墓について人々が抱えていた矛盾や違和感が少しずつ綻び始め、ついに噴出したともいえます。

この時期の象徴的な出来事として、バブルの象徴でもある土地価格高騰により、墓地や墓石の取得、維持が経済的に難しくなったことがあげられます。墓地を提供する義務を持つ自治体も、バブル期には有効な施策を実行できていませんでした。

「イエ」の後を受け、日本社会の標準的な家族の形とされた「夫婦制家族」、つまり核家族でも、「墓の承継は長男に」が慣習化していましたが、少子化によって将来墓を承継する子どもがいない、という状況も増え始めます。

また「婚家の墓に入りたくない」「夫と同じ墓に入りたくない」とする女性たちの声が大きくクローズアップされ、「墓」の前提である「イエ」の存在そのものの揺らぎが明らかになりました。

市場原理にもとづいた画一的な「メモリアルパーク」が次々に生まれる中、日本の墓地に関する構造的な問題が指摘されるようになったこの時代。高度経済成長期から、都市部を中心に核家族化が進む一方、明治期につくられた先祖崇拝の家族墓が、制度としては色濃く残ったまま。戦後、「埋墓法」が制定されたものの、祭祀と墓に関しては曖昧な表記にとどまっていたため、都市の家族形態と墓制、現実と制度のミスマッチが浮上してきたのです。

民間霊園が郊外につくられ、同時期にモータリゼーションが進んだことで、新たな墓参りの習俗も生まれました。ドライブを兼ねた墓参りは「レジャー」としての側面もあり、従来の先祖崇拝とは趣が異なりますが、当時の家族の絆を維持するシンボルの一つとしての意義はあったのだと思います。

お墓の新しい形「共同墓」「樹木葬」が登場する

日本で初めて民間墓地が誕生したのは、１９５８（昭和33）年、神奈川県川崎市の春秋苑だといわれています。その後、１９６４（昭和39）年に開園した富士霊園は、総区画数が約７万基もある超大規模霊園。こちらは名前の通り、富士山を近くに眺めることができ、園内には四季折々の花や草木が植えられており、特に春は桜の名所として有名です。

場所柄、自動車で霊園に行く人が多く、桜の時期やお盆、お彼岸などは周辺道路が渋滞します。マイカー利用以外にも、都心部から直通バスが運行され、自宅から霊園までのタクシー手配サービスまであるほど。近年は高速道路出口脇に大型商業施設ができて、お墓参りの行き帰りに、花見以外のレジャーを楽しむ要素も格段に増えています。

鎌倉霊園は、逗子の海が目の前に広がる丘陵にある霊園です。大変すばらしい眺めですが、こちらも富士霊園同様、墓参りシーズンにはマリンスポーツや散策などレジャーを楽しむ人々と重なり、周辺道路の交通渋滞が発生します。

郊外型というほど遠くではなく、新宿から電車で30分ほどの距離にある都立多磨霊園はどうでしょう。霊園の入り口まではアクセスがいいのですが、墓地内は広大で、民間霊園に比べて手入れや環境がいいとはいかず、目指す墓石まで、暑い日も寒い日も歩かなくてはいけません。舗装のされていない通路があり、足が不自由な人、車椅子利用の人には不便な場合もあります。

高齢になると、自動車を運転して移動するのが億劫になり、自動車を手放す人もいるでしょう。自分が出向くのもシンドイ場所にある墓地で、自分の死後、墓の管理を子どもたちに委ねるのは気が引ける、と考える親が増えるのも仕方ないのかもしれません。「お墓は長男が守るもの」という意識は強いものの、離れて暮らす核家族の場合、墓の維持・管理が負担になるのも無理はありません。

そうした状況下で、「誰もがお参りしやすい場所に墓地が欲しい」とか、「負担の少ない方法はないか」と考える人があらわれるのは当然です。新しい葬送の方法を模索し、実際に提案するケースも生まれました。象徴的なのは、継承を前提としない「共同墓」や「樹木葬」の誕生です。

1989（平成元）年に建立された新潟県妙高寺の「安穏廟」は、過疎化が進む中で檀家の減少に危機感を抱いた住職が、大都市の住民を寺院の檀信徒として取り込むという、地域の枠を超えた宗教活動で話題となりました。

同じ1989年、東京都・豊島区の「すがも平和霊園」にも、「血縁と地縁を超えた合葬墓」というコンセプトで、都市型合葬式共同墓「もやいの碑」が誕生しています。

1990（平成2）年には、京都府寂光寺に「志縁廟」が建立。第二次世界大戦で多くの若い男性が出征したため、結婚適齢期を逃した独身の高齢女性が死期を迎えるころであり、そうした女性たちのための共同墓です。

このように過疎（安穏廟）、過密（もやいの碑）、戦後対応（志縁廟）など、社会が抱える矛盾、課題に対する挑戦的意味合いも持った共同墓は、数こそ少ないものの、時代を色濃く反映する存在といえるでしょう。

「散骨」への注目

1991（平成3）年、「葬送の自由をすすめる会」によって行われた「散骨」はマスコミでも大きく報道されました。記憶に残っている方も多いのではないでしょうか。

私の母も当時、新聞の散骨に関する連載コラムを切り抜いて父に見せたり、私に「自分が死んだら散骨してほしい」と何度も言ってきたりで、散骨に関する記事をスクラップしていたことを思い出します。

子どもだった私には、なぜ、母が熱心にそんな先の話をするのか、まったく理解ができなかったように思います。しかし、いまだにその様子を鮮明に覚えているくらいですから、その様子は子どもなりにセンセーショナルだったのかもしれません。

第3章のインタビューで、私と同世代の女性に話を伺うと、同じころ、母親が散骨について話題にしていたという話が出ました。私の母だけではなく、その時代の主婦にとっては、夫の家の墓に入らないとか、夫と死後は離れたいといった話題が興味深いことだったのでしょう。散骨は、そうした時代の女性の琴線にふれたのです。

散骨に対し、かつては「死体遺棄にあたる」と感じる人もいましたが、法的な根拠はありません。「葬送の自由をすすめる会」は「節度を持って行う限り問題はない、違法ではない」という見解を法務省から引き出しました。

さらに、散骨は「葬送の自由」であり、それは憲法に「幸福追求の自由」として保証される「基本的人権の一つ」という主張は、伝統的な墓のあり方に閉塞感を抱いていた人々の心に強く、深く響いたのではないでしょうか。散骨は「自然葬」とされ、後に「樹木葬」などの葬法も提案されていきました。

新たな提案が生まれたのと時を同じくして、バブルが崩壊しました。以降、日本は長期にわたる経済低迷期に突入し、経済的な理由から葬送や墓の費用は極力抑えようという動きがあらわれました。

また、バブル期に華美・過度になりすぎた葬祭祭祀全般へ違和感を覚える人も多く、1990年前後、葬送と墓に関する閉塞した状況に相次いで打ち込まれたクサビは、人々へ問題意識を喚起することには成功したといえるでしょう。

あれから四半世紀経過した今、振り返ると、新しい革新的な秩序を生み出し、葬送と墓のあり方を再構築するまでには至らなかったように感じます。

「共同墓」「樹木墓」「自宅供養」「寺院内霊園」……お墓が多様化する

少子高齢化はさらに進み、墓を子どもに守ってもらうという発想は、複数世代同居の大家族であったとしても、当たり前の、現実的な選択肢ではなくなりました。

家族形態、子どもの有無にかかわらず、人間は誰でもいつか必ず最期を迎えます。いわゆる「終活」がブーム的に盛り上がり、「自分らしく」という視点が生まれ、「(葬送を含む)墓の個人化」がマスコミではもてはやされるようになりました。墓に限らず、葬送スタイルも自分で選び、棺や死装束のオーダーメイドを受ける企業もあるほどです。

現在の墓を含む葬送の傾向をひと言であらわすと「多様化」です。いくつか新しいタイプの墓(やそれに類するもの)をあげてみます。

1990年ころに生まれた共同墓は、登場当初は「身寄りのない人が選ぶ」というイメージを持たれたものの、今では子どもの有無にかかわらず選択肢の一つとして定着しています。墓石が不要なため経済的な負担が軽く、大勢が埋葬されるので、花や線香が絶えにくく賑やかな印象があります。墓地の管理者にとっては、土地の限られた都心部で多くの人を埋葬できるメリットがあります。共同墓はこれからも増えていくのではないでしょうか。

少子化は墓のあり方にも影響を与えています。

一人っ子同士が結婚し、どちらにも継承する墓がない場合、両家それぞれの家墓を建てるのが以前のしきたりでした。しかし、これでは負担が大きいため、１つのお墓に双方の両親を祀る両家墓が登場しました。また子どもがいない夫婦なら、二人だけで入る夫婦墓という選択もあります。

都市部では納骨堂の需要も増えています。墓石を建てる必要がないため安価、室内で管理がしやすい、などが支持を得る理由です。収蔵形態にはロッカー式、棚式、仏壇式、お墓式などがあり、最近はロボットアームを使うハイテク仕様も話題になっています。

自然に抱かれ、安らかに眠りたいという思いから生まれたのが、墓石の代わりに樹木を墓標として植える樹木墓。永代供養墓の新しいスタイルとして注目を浴び、場所によっては、高い申し込み倍率を示すところもあります。

お墓が遠方にあり、なかなか墓参りに行けないため、身近に遺骨を置く。仏壇の代わりに遺骨を置くなど、事情はさまざまでも、遺骨を自宅に安置して供養する人も増えています。これは自宅供養、または手元供養と呼ばれています。

以前から遺灰を小さな箱に入れ、仏壇の下に置いておく家はありましたが、最近は納骨するものとは別に、分骨した遺灰をオブシェ、アクセサリーに納めるスタイルが登場しています。いつも身近に感じることで心の支えにしたいという、新しい個人の偲び方ともいえます。

まだ数は多くありませんが、都心部では「寺院内霊園」も生まれています。宗教や宗派の関係で、縁もゆかりもないお寺の墓地には「入れない」と多くの人は考えがちです。そのため宗教も宗派も関係ない、大規模な民間霊園が発展してきた経緯があります。

寺院内霊園とは、お寺の敷地内の一角に霊園を設け、そこは民間霊園同様、宗教も宗派も関係なく利用できるものです。維持管理はお寺が行うため安心してまかせられます。今後、支持を広げていく可能性があるのではないでしょうか。

子どもの数より犬猫のほうが多い、といわれるペット社会。生き物である以上、やがて命が尽きる日がやって来ます。法律上、ペットの死骸は廃棄物として扱われますが、「ペットも家族の一員」ととらえる人が増えているため、専門の葬儀社、動物霊園で供養するケースも珍しくありません。

家族の一員であるペットを一緒のお墓に入れてあげたい。そう考えるのは必然の流れです。法律上、人間と動物が同じ墓に入ることに問題はありませんが、宗教上の理由、墓地管理者や墓地所有者の価値観から、以前は一緒に埋葬するケースはほとんど認められていませんでした。

ペットと飼い主を同じ墓地に埋葬できる、民間の墓地が誕生したのは今世紀になってから。ペットのほうが短命のため、遺骨を先に埋められるよう設計されたお墓も登場しています。

お墓はどうしても必要なのか？お墓は誰のものか？

現在、一年間の死者数は約130万人を超えており、出生数は100万人を下回っています。生まれる数よりも約40万人も多くの人が死んでいく状況です。日本の火葬率は98パーセントを超えているため、亡くなった方のほとんどが火葬され、毎年、約130万体の遺骨が生まれることになります。すでに自分で設けた墓、先祖代々の墓がある人もいますが、実家を出ていたり、故郷から遠く離れていたりなどの理由から、自分で新たに墓を設けなくてはいけない人も相当数います。

都市部では今後、墓の需要が増えると予想されていますが、土地に限りがある都市部で、十分な数の墓地を供給し続けるのは難しいでしょう。もちろん、郊外の民間霊園という選択肢はありますが、前述の通り、忙しく過ごす家族を遠方の墓へ参らせることには気後れも。今後は、他の選択肢も検討しなければいけない状況になるでしょう。

考え方のベクトルの1つは「墓はどうしても必要なのか」です。

ここまで記してきたように、墓をめぐる文化、習俗は時代とともに変遷してきました。今のやり方を、これからも続けなければいけないわけではありません。遺骸を火葬し、遺骨を骨壺に詰めて個別の墓に葬る。これまでのやり方を踏襲する一方で、自然に土へと還っていけるような方法も検討されるべきなのかもしれません。

もう1つのベクトルは「墓は誰のものなのか」の検討です。

昨今の終活ブームは「墓の個人化」を招き、生前に葬儀の式次第、音楽、ヘアメイクやファッションにまでこだわった遺影の撮影をするなど、「自分らしさ」という視点で決める人も増えています。思い出の地に墓地を持ちたい人もいるでしょう。

墓も、縦長で3段になった和型墓石だけでなく、横長で背の低い洋型墓石が増加。本人の趣味や個性をあらわす形や絵柄を彫るなど、デザインも多様化しています。

墓地・墓石に込められた思いには胸を打たれますが、この場合の墓は「故人のもの」という側面が強く、維持・管理をまかされる子ども世代はどうとらえているのでしょうか。墓は故人のものであると同時に、遺された人たちが「故人を偲ぶためのもの」でもあり、行きすぎた個人化や負担の重さは、かえって「墓離れ」をうながすという指摘もあります。

ここまで見て来たように、日本人が墓に向ける意識は、時代や社会、家族構成の変化とともに様相を変えてきました。高齢化の次に訪れるのは多死社会。そうなったとき、我々は墓や葬送のあり方とどう折り合いをつけていけばいいのか。

今、この瞬間から、すべての日本人が向き合うべき課題ではないでしょうか。

第3章

「お墓、どうしますか？」アンケートとインタビューで意識調査

第1章、第2章では、先達が残してくれた墓や家族の資料や歴史について振り返ってきました。この章では、私自身が実施した調査の結果を紹介していきたいと思います。

調査方法は2つ。

1つ目は、「墓」「家族」「死」への意識に関するアンケート調査（量的調査）です。なぜアンケート結果の分析を行うのか。考察をまとめる際に「経験的にわかりきっていることだ」「それは偶然ではないか」などという意見に対して、感覚的でもなく、偶然でもない結果であることを証明して、可視化するためです。

分析結果の中から、私が特に興味深いと感じた部分を抜粋して紹介します。

2つ目はインタビュー（質的調査）です。アンケート調査の結果や分析だけでは明らかにしきれない、個別の事情や、取り巻く環境、状況の経過など、現在進行形の人々の思いを明らかにしたいと思ったので、「墓や家族について」というテーマで、12名の方にお話を伺いました。

親、子、自分の娘、息子、嫁、娘の夫など、いろいろな年齢、性別、立場の人が、組み合わさってできているのが「家族」というものです。また、生家からの独立、結婚、妊娠、出産、離婚、死など、家族を構成するメンバーのライフステージの変化によって、家族の形も変わっていきます。さまざまな立場の方のインタビューを目にすることで、人によって、これほど墓や家族に対しての意識が違うのか、ということがわかると思います。

アンケート調査（量的調査）に見る意識

最初に、アンケート調査（量的調査）の結果を見ていきたいと思います。今回は、全国の幅広い年齢層の方を対象としたケース抽出の必要性、およびセキュリティ等について万全を期すため、ＷＥＢによる選択式のインターネットアンケートを行いました。その結果、全国の18歳から75歳までの男女に対し、無記名式で５２０名[*]の方に回答いただきました。

調査内容は、１１５ページの脚注に示したフェイスデータと、世帯年収、回答者本人年収、そして私が設定したリサーチクエスチョン（研究的疑問）に対応する、墓や家族に関する１１１項目の質問をお尋ねしました。質問肢は、河野（２００４）や小谷（２００９）をはじめとする先行研究を参考に設定しました。

分析の流れをおおまかに説明すると、「手順１：因子分析により、因子（特徴）を抽出」し、手順１にて抽出した因子について、「手順２：ｔ検定を用いてフェイスデータとの関係性を確認」しました。そして、「手順3：墓への意識に影響を及ぼす要因をさぐる」ため、重回帰分析を行いました。

リサーチクエスチョンは以下のように設定しました。

リサーチクエスチョン1

家族のありようや範囲が個人化・多様化している現在、死観、墓のありよう、終活全般への意識とはどのような状態なのだろうか

＊ 男性260名、女性260名。18歳〜29歳、30代、40代、50代、60代以上、それぞれ104名。居住地域は北海道37名、東北地方36名、関東地方201名、中部地方91名、近畿地方83名、中国地方23名、四国地方12名、九州地方37名。未既婚の内訳は、未婚222名、既婚298名。子どもの有無の内訳は、子どもなし241名、子どもあり279名。職業は、公務員26名、事務系会社員131名、技術系会社員88名、その他会社員98名、パート・アルバイト177名。

リサーチクエスチョン2

死観、墓のありようへの意識、終活全般への意識は、年代や属性による影響を受けるのだろうか

リサーチクエスチョン3

墓のありようについて、「弔う側（私）」と「弔われる側（親）」にはどのような意識が存在しているだろうか

すべての結果をここには掲載しきれないので、行った分析のうち、特に私が面白いと感じた結果を抜粋して、先行研究と絡めながら紹介します。

因子分析でわかったこと――「先祖重視」と負担感

「因子分析」とは、回答パターン（質問Aにイエスと回答している人は、質問Bにもイエ

ス と回答している確率が高いといった）を抽出することで、調査対象者の意識の中にある共通した特徴を見つける手法。よって、アンケート結果のおおまかな方向性を知るのにも有効な手法です。この後に続く分析のベースにもなります。

今回実施した１１１項目の設問のうち、94項目について、「私の死観に関する質問13項目」「親の死観に関する質問13項目」「弔われる立場に関する質問26項目」「弔う側に関する質問23項目」「終活や墓に関する質問19項目」５グループに分けて分析を行いました。その結果、16の因子を抽出することができました。分析の便宜上、因子に名前を付けます。抽出した因子は以下の通りです。

私の死への意識

「不滅性（私）」「恐れ（私）」「終焉（私）」

親の死への意識

「不滅性（親）」「恐れ（親）」「終焉（親）」

私の墓への意識

「自己完結重視（私）」「従来埋葬重視（私）」「家族意向重視（私）」「情報相談重視（私）」

親の墓への意識

「自己完結重視（親）」「従来埋葬重視（親）」「情報相談重視（親）」

終活や墓に関する全般的な意識

「先祖重視」「墓埋葬への負担感」「情報と関心」

「私の死」、「親の死」への意識について

人々のメンタリティとして、自身の死についても、親の死についても「不滅（性）」と「終焉」２つの因子を確認しました。

「私は死んでも消えてなくならない」という「不滅（性）」の意識と、「死んだら私は消えてなくなる」という「終焉」という意識は、同じことの正負だともとらえることができますが、対象者はまったく別のことだととらえていることが確認されたことは興味深い点といえます。

「終活や墓に関する全般的な意識」について

人々のメンタリティとして、「先祖重視」「墓埋葬への負担感」「情報と関心」3つの意識を確認しました。

因子分析の特性上、意識の傾向を確認するにとどまるのですが、この結果を現状に照らし合わせてみるなら、「先祖重視」すると「負担感」が生じ、さらにそれを解消するために「情報」への関心が高まるという心理が人々の中に存在していると読み解くことができます。つまりは、先祖を大切にしたいけれど、それに付随していろいろな問題が生じる不安も同時に併せ持っているということです。

t検定でわかったこと――性別や年代による意識の差

「t検定」とは、2つのグループの平均値の差を分析する手法です。本調査においては、「男・女」「未婚・既婚」「子どもの有・無」の3項目の仮説について、人々の意識に有益な差があるのか、偶然の誤差なのかを調べるということ。この分析によって、興味深い点は次の

2つです。

①女性のほうが強い「死への意識」

女性は男性に比べ、「私の死」「私の親の死」どちらに対しても、恐れの気持ちが強く、親は死んでもいなくならないと考えています。また、未婚者は既婚者に比べて、親の死を恐れていること、子どもがいない者より、子どもがいる者のほうが、親の死を恐れていることなどがわかりました。

これらの結果から、男性よりも女性のほうが、死に対する恐れが強く、親が死んだ後も、親子としての関係は続くと考えていることがわかりました。

性別による死への意識の差について、筆者の分析結果同様、金児暁嗣（1994）や下仲順子（1976）においても、女性は男性よりも死に対して不安が強いとされています。得丸定子他（2006）によれば、死だけでなく、死後への不安に関する要素すべてにおいて、男性よりも女性のほうが高い得点を示す結果になったといいます。

長崎・松岡・山下（2006）によれば、金児や下仲同様に、男性より女性のほうが死への関心度や不安が高く、具体的な行動が見受けられるとされています。その背景には、現代の日本の社会では、介護や看護の役割を女性が担っていることが多く、日常生活に密接にかかわる習慣等に関する経験や知識を持っているからではないかととらえることができます。河野由美（2000）は、女性のほうが男性より死への不安が大きいことの解釈として、女性のほうが死への不安を他者に受け入れられる文化があるからではないか、と論じています。

②「墓のありようへの意識」「墓や終活全般への意識」の違い

「自分の墓への意識」について、男性は女性に比べると、近年登場した継承を前提としない共同墓を含む自己完結型の墓、もしくは従来通りの墓を希望していて、家族に相談するのではなく、自分で決定するものだという意識があります。

一方、女性は男性と比べると、自分の墓を決めるときに、家族の意向を尊重したい意識があることがわかりました。未婚者に比べて既婚者は情報を集めて誰かに相談しようとする姿勢があること、子どもがいない者は、情報を収集して誰かに相談する他、家族の意向に従おうとする意識もあることがわかりました。

前出3項目の仮説に、10〜70代までの年代別条件も加えて検証しましたが、年代によって違いが見られなかった点も興味深いといえるでしょう。

年代による死への意識の差については、富松梨花子・稲谷ふみ枝（２０１２）は、死に対する恐怖，死後の生活の存在への意識においては、年代によって差が見られ、青年期（平均19・8歳）は中年期（平均54・5歳）、老年期（平均75・0歳）よりも死に対して恐怖を抱いているとしています。逆に、年齢が上がるにつれて、死を怖いと思わない人が増えることを小谷みどり（２００４）が論じています。

金児（１９９４）によれば、青年期は、死への対処方法を知らず、死について不安・恐怖を抱く傾向があるとしています。

これらのことから年齢が死への意識に影響するのではなく、経験に影響されるのではないかと考えることができるのではないでしょうか。

赤澤正人・藤田俊子（２００７）、澤井敦（２０００）によれば、血縁者や友人、動物との死別体験があるグループのほうが死への関心が高く、人生に肯定的な作用を持つと結論づけています。

金児（1991）は、現代社会においても、宗教的態度が親から子どもへ伝えられていることを明らかにしており、家族内に共通する葬送儀式に関する意識や、家庭のカラーのようなものは、日々の暮らしや、年中行事を通じて親から子どもへ伝承されていくものと考えることができます。

死や墓の研究とは少しそれますが、子どもの有無や実家との関係に関する先行研究に目をやると、柏木惠子・若松素子（1994）は、「親になる」ことによる発達は、柔軟性、自己抑制、視野の広がり、自己の強さ、生き甲斐など多岐にわたり、父親より母親のほうの結果が著しいと明らかにしました。

また、富岡麻由子・高橋道子（2005）は、「母親になった女性と、その女性の母親や生家（実家）との関係性の変化」について、結婚して出生家族に属さなくなったという意識や新しく形成した家族の独立性が芽生え、自分の形成した新しい家族を重視し、自律性を意識するようになることを明らかにしました。さらに、出産した女性は出生家族から離れることにより自分の母親に対する客観的な見方を獲得しつつ、母親に対していたわりと頼る気持ちが共存することを明らかにしています。

大和礼子（２００８）によれば、「自分の介護と親や配偶者の介護への意識」について男女差を比較検討したところ、女性は、介護する立場においても自分の負担になろうとも介護・ケアを選好し、自分が介護される立場においては、家族のケアではなく専門家による介護を選好する結果でした。

男性は、女性とまったく逆の結果です。女性はケアに対して、する場合もされる場合も、常に「利他的」であることを明らかにしています。グラハム・ヒラリー（１９８３）は、女性にとって「ケアすること」は「労働」ではなく、「アイデンティティ」と深く結びついていると論じており、大和（２００８）は「女性は生涯ケアラー（ケアする側）であることにアイデンティティを感じているのなら合理的な考えである」と述べています。

この結果から、維持管理を必要とし、さらに故人や先祖への思いが募る墓についても同様に「ケアしたい」ケアラーとして意識が働くのではないかと考えることもできるのかもしれません。

重回帰分析でわかったこと——「親の死」と「自分の死」の違い

重回帰分析とは、因子分析によってグループ分けしたある一つの特徴について、どの因子（特徴）が特に影響を及ぼしているのかを調べる手法です。

今回の調査で言えば、「親が墓を選ぶ際に、継承を前提としない新しいタイプの墓を選ぶ等、自己完結してほしい」と考えるグループの人々の意識には、「恐れ」という死への意識なのか、「性別」なのか、一体何がその意識に影響を及ぼしているのかを調べるということです。

「弔われる側」

「自分が墓を選ぶ際、継承を前提としない新しいタイプの墓を選ぶなど、自己完結したい」と考えるタイプの人は、「自分は死んでもいなくならない」と思う一方で、「親は消えて無くなる」という、相反した意識を持っていることが明らかになりました。

つまり、自分の墓を自己完結しようと考えている人は、親の死を想像することはできるけれど、自分の死を肯定的に受け止められない、あるいはまだ、現実的に自分の死を考えていないのかもしれません。先祖重視の意識はなく、情報への関心が高いこともこのタイプの特徴です。

「弔う側」

「親の墓について従来型を望む」タイプの人は、親の死が怖く、親は死んでも消えて無くならないと考えていることがわかりました。当然、先祖重視の意識を持っています。それにもかかわらず、「自分は死んだら無である」と考えています。

これらのことから、親の死と自分の死は、別の死としてとらえていることが推察できます。先行研究から、「私の死」と「親（あるいは先行研究では大切な人であるといった表現）の死」を区別していることが明らかで、本調査からも、誰の死なのかを区別して、終末期について考えることの重要性が確認されました。

先行研究でいう、「大切な人」とは誰でしょうか。

ある回答者にとっては大切な人が親なのに対して、他の回答者にとって大切な人は友人かもしれません。その場合、家族と友人で立場や状況が異なります。

以前の研究では、死の対象である大切な誰かを特定せず、「死への意識」という言葉で一括りした、ぼんやりした表面的なものが多かったと思います。

海老根（2008）によれば、これまで行われた「死への意識」の研究は、病気が治る見込みがなく、余命が限られたターミナルケア期の人や、老年期の人々、あるいは特定の職種や集団（医療従事者など）を中心としたものが多かったのですが、最近になってようやく、死をさまざまな角度からとらえようとする動きが出てきたとし、金児・渡部美穂子（2003）、河野（2004）、小谷（2009）のように、死の対象を「私と、私の大切な人」に絞った先行研究が登場しました。

インタビュー（質的調査）に見る意識

アンケート調査だけでは明らかにしきれない、墓や家族についての個別の事情やウェットな心情などを明らかにするために、インタビュー（質的調査）を実施しました。

質的調査とは、アンケートのような形式ではなく、インタビューや行動観察など比較的自由な形式の調査のことを指します。

インタビューは、筆者と対象者の1対1で、「墓と家族について」お話を伺いました。対象者が特に気にかけていることがある場合は、その内容について特に時間を割きました。対象者によって、現在、家族のことに関心が高い人は家族の話のボリュームが多くなったり、墓について関心の高い人は墓寄りの話になっています。

本書では、読みやすさを優先して、特徴的なところを中心にまとめています。

CASE 1

「墓については考えたくない」

Aさん（50代男性・自営業）

プロフィール

50代／自営業／山形県出身／東京都在住

山形県の出身で、現在は東京都内で自営業を営むAさん。妻と愛犬ロビンと暮らしています。両親はともに80代で健在。山形県の実家で生活しており、２人の姉はそれぞれ結婚して、実家から遠く離れた地域に住んでいます。実家の近くに先祖代々続く墓があり、長男であるAさんは、両親の死後には自分が墓に関して、何かしらやることになるだろう、と漠然と考えています。

「親とも姉たちとも墓の話はしたことがない」

「姉たちと『親が死んだらどうする？』という話は出ますね。でも墓をどうする？という話まではしてないね」

山形県内にある、Aさんの先祖代々の墓は、現在、長男であるAさんの父が管理しています。

「田舎だからさ、ちょっと特殊な墓なんだよ。村の人みんなで草むしりや掃除をするの。うちの親もやってる」

Aさんが生まれ育った地域では、山の中の土地に、墓が10～20墓ずつまとまって立っていて、同じ区画の人たちと共同管理しているそうです。

「グループじゃないけどさ、自分たちのところは、自分たちのグループの若い人がやるって感じで。若いといっても50代とか60代とかね」

両親とも姉たちとも、墓について話し合ったことはないけれど、父や母が死んだら、その墓に入ることは「家族全員の暗黙の了解」だとAさんは言います。

「墓の管理のことは話題にできない。恐ろしくて」

両親が亡くなった後の墓の管理は、

「誰も考えてない。いや、考えようとしていない。俺も自分から話題にしたくないんだよ。恐ろしいから」

話したことがないから、姉たちの本心もわからないといいます。

「姉たちも遠くに住んでいるから、墓の管理の話になったら当然『誰が草むしりのためだけに山形まで帰省するんだ？』という話になる。俺から話題を振ったら『あんた、長男なんだからやりなさいよ』ってなるだろうし。長男なのはわかっているけど、東京にいるんだからさ……」

実家の墓の管理について、Aさんが口火を切りたくない理由は田舎独特の人間関係にもあるようです。

「帰省したときに、親と一緒に草むしりに参加すると、グループの中で『こんなときだけ東京からやってきて、この土地の出身だ、みたいな顔をするんじゃない』みたいな、冷たい空気が流れるわけだよ。そういうのも含めて、あまり実家の墓に行きたくないっていうのはある。直接文句を言われるわけではないし、こっちも考えすぎかもしれないけど……」と、Aさんは言葉を濁します。

「そうは言っても仕方ないので、自分が行ける間は行くことになるんじゃないの？」

自分が管理できなくなったときのことは、まだ考えていませんが、

「いつか管理できなくなるという理由で、両親をその墓に入れないという選択肢は誰も考えてないと思う」

自分の墓については、

「親や先祖と同じ墓に入りたいとか、入りたくないとか、考えたことない」

とAさん。

「そもそも墓について考えたことがないから、奥さんとも話したことがないし、考えも聞いたことがない。考えてないんじゃない？」

「ロビンの墓のことはちゃんと考えてるよ」

Ａさんが最近経験した身近な人の死は、大学時代の知人だといいます。

「そんなに頻繁に会っていたわけじゃないけど。今は知人の訃報も、ＳＮＳで回ってきたりするんだよ」

そのときも、「それがきっかけで、自分の死や墓のことは考えなかった」そうです。

「俺だけじゃなくて、墓について考えてないっていう人、多いんじゃないの？」

Ａさん夫婦に子どもはいませんが、高齢のミニチュアシュナウザーを飼っています。名前はロビン。両親や自分の墓については考えていないＡさんですが、犬の墓については？

という質問には

「えっ？　考えてるよ！」

と即答。

「もしロビンが死んだら、まず火葬するじゃん？　遺骨は実家の墓の脇あたりに埋めるかな。

ひとかけらくらい。残りの遺骨は自宅に置くことにするよ」

愛犬の墓については、具体的なビジョンを語ってくれたAさん。家族の一員として大切にかわいがっている様子が伝わってきました。

「帰省するとき、山形に連れて行ってもロビンはとても楽しそうにしていたし、両親もかわいがっていたからね。でも、俺が死んだ後、自宅にあるロビンの遺骨をどうするかまでは考えてない。そもそもロビンが死んだなんて思えないだろうしね」

長男の重圧や、先祖代々の墓がある田舎の人間関係の煩わしさを感じているAさん。「何も考えていない」という言葉の裏には、「深く考えるのを避けたい」という本音が隠されているようにも考えられます。

両親や自分の墓については漠然としか考えていないのに対して、飼い犬の墓については、極めて具体的なビジョンを描いている。その温度差も印象的です。

親や親族など、身近な人の死に接した経験がない、墓のことはまだ何も考えていない、Aさんのような男性は比較的多いのかもしれません。

CASE 2

「両親の離婚や再婚が墓の問題を複雑にしています」

Bさん（40代男性・会社員）

プロフィール
40代／会社員／新潟県出身／東京都在住

会社員のBさんは、妻と東京都に暮らし、現在、妻は妊娠中です。Bさんの出身は新潟県ですが、両親はBさんが10歳のときに離婚。父は再々婚していて、母は再婚後、離婚を経て新潟県で独り暮らしをしています。

離婚した両親が亡くなった後は、それぞれ別の墓に入ることになります。一人っ子なので、死後の処理や墓の管理を一人で担わなくてはならないことは「仕方がない」と半ばあきらめ気味に考えています。

「そもそも墓自体がそんなに大切だと思っていない」

Bさんの母が初めて墓について話してくれたのは、結婚が決まったときだといいます。

「母は一人身なので、家族が継承しない墓を考えていました。『散骨でいい』とか『知り合いの寺の共同墓に入りたい』とか、まだ定まってはいないようですが、初期費用も自分で払う、迷惑はかけないと言っているので、それでいいと思っています」

一方、Bさんの父は、新潟県にある先祖代々の墓（後述）の隣に、自分の墓の敷地を用意しています。でも、そこは遠いので市街地に墓を買うことも検討しています。父の墓の管理は、

「必要であれば自分がするというか……草ボーボーで、周囲の人に迷惑がかかってしまうといけないから。でも気軽に行ける場所ならまだしも、実家のある地域に行くだけでもお金がかかるわけですし、難しいですよね」

とはいえ、自分が気軽に行ける場所にお墓を建てるように父に頼むのは「自分のエゴになるので言えない」と苦笑いしていいます。

「父には好きなように墓を決めてほしいけど、管理については別ですね」

Bさんは、ある程度管理をしなければならないことは覚悟していますが、代々つなげる必要はないと思っています。

「そもそも僕は、墓自体がそんなに大切だとは思っていないんです。墓参りって、義務で行くものでもないでしょう。墓を管理することと、死んだ親を大切に思うことは別問題。もっとこう、墓とカジュアルに付き合えるようなシステムになればいいんですけど」

Bさんは、昔から変わらない墓の制度やシステムと、現代の家や家族のあり方に「歪みがある」と感じています。

「昔は墓守である長男が地元にいて、出稼ぎに行くのは二男とか三男だったわけじゃないですか。でも、今は核家族がほとんどで、働き方も多様化していて、みんながお盆や正月に休めるわけじゃない。盆や彼岸などの法事が形式的に行われることにどれほどの意味があるんだろう」

最近、Bさんの妻の実家で飼っていた、犬のラビが亡くなり、Bさんも火葬に参列したそうです。

「妻が熱心に墓参りに行くので、よく一緒に行くんです。近いし、こちらの墓にはなじみがあります」

ラビが亡くなって、妻も妻の母も、ときどき涙を見せるそうですが「妻もお義母さんもラビが死んだとは思ってないんですよね」とBさん。

「僕はラビが死んだことを受け入れてる。だからといって、ラビのことを忘れるわけじゃないし、一緒に遊んだときは楽しかったし、かわいかったし、ラビの代わりはいるわけない。心の中で思い出してあげて、忘れなければいいと思っています。僕は」

墓や仏壇の有無に関係なく「心の中で亡くなった人を思い出し、忘れない」ことがBさんにとっての「弔い」なのかもしれません。

「だから両親が墓という形の残らない選択をしてもいいと思っています」

「父方の先祖代々の墓の草むしりは荷が重い」

今年の夏、父方の先祖代々の墓の草むしりに初めて参加してきたBさん。

「妻がそういうのをちゃんとしたいと考えるタイプなんです。僕は親が離婚して、父親ともぎこちない関係なので、あまり乗り気になれないけど、しょうがないですよね。草むしりは、来年以降も行くことになりました。正直言って荷が重いです」

Bさんの父方の実家では、お盆に親戚縁者が集まり、先祖代々の墓の草むしりをします。集まるのは親の世代(60~70代)ばかりで、40代はBさん1人。

「僕、団塊ジュニア世代の割にいとこが少なくて、既婚者なのも、草むしりに参加するのも僕だけ。父は次男で後継ぎでもないし、自分が死んでもこの墓に入りたいとは思いません」

墓は山の中にあり、気軽に妻子を連れて行ける場所ではありません。

「虫も多いし、日陰もないし、休むところもない。『休憩!』って言われて、ござを敷いて、地べたで休憩するんですよ。僕のイメージだと、手づくりのおにぎりやお茶が出てくるのかと思ったら、近所のコンビニでおにぎりやアイスを買う。そこだけ妙に現代的で風情なしだったので、ちょっと笑えました。でもね、あれは大変。父が行けないときは、業者さんにお願いしているって聞いたけれど、本当にいろいろ大変です」

Bさんの語る「大変さ」には炎天下での作業のことだけではなく、田舎独特の人間関係も含まれます。

「草むしりが面倒っていうのもあるけど、親類縁者的な人と一緒に草むしりするのが嫌なんですよね。田舎だから、いろいろあるんです」

具体的な説明を避けつつ「都会の人にはわからないと思いますが」と付け加えるBさん。

「草むしりの後、全員で食事したんですが、まぁ盛り上がらない。今どき、付き合いのない親戚との共同作業ってどうなの？　と思いましたね」

「子どもに迷惑をかけるくらいなら、自分の墓はなくていい」

Bさんの妻は現在妊娠中。Bさんは、将来子どもに負担がかかるようなら、親や先祖代々の墓を自分が墓じまいしてもいいと考えています。自分の墓についても、

「なくていいかな。僕自身が墓にしばられたくはないので、墓が欲しいとも思わない。妻と同じ墓に入りたいとかこだわっていません」

もしも妻が先に亡くなったら？

「そういえば、自分が一人残った場合を考えたことなかったですね。僕が死んでも、誰にも知らせなくていいし、なるべく人に迷惑をかけたくないです。行政から強制的に親族に連絡されるよりは、民間サービスに死後の処理を頼めるなら、そういうところに頼みたいですね」

自分の子どもに迷惑がかかるようなことは極力避けたいと考えています。

「子どもがいても、死後のことを民間サービスに委託することも検討します。双方合意できるものを選びたいですね」

子どもや周囲に「迷惑をかけたくない」という言葉をくり返すBさん。もしも両親が墓を建てた場合、Bさんにとって迷惑になるのでしょうか？

「迷惑だとは考えていません。墓があれば僕が何もしないわけにもいかなくなるだろうけれど、『仕方ないな〜』というニュアンスですかね。自分が子どもの立場なら、親の意見を尊重したいし、親の立場になれば、子どもの気持ちを尊重したいですね」

迷惑ではないけれど、時間的、経済的など、さまざまな「負担」があるのは確かだといいます。

「それでも墓参りや維持管理に行ってあげたいという気持ちになるかどうかは、自分の親が死んだことがないので、実感がないですね」

これまで離れて暮らしていたため、父との接点が少なく、老後や墓の話もしたことがありません。

「もっと、こう、普通の家族だったらよかったんですけどね。両親の離婚、再婚がこの問題を重たくしている理由のほとんどかもしれないです。でも、父とも母とも話したいとは思います。ちゃんと話しておくことが大事ですね。あらためて思いました」

後日談として、Bさんの家には子どもが誕生し、それまで接点の少なかった父と会ったり、話したりする機会が増えたそうです。

「実は、まだ父とお墓の話はできていないんです」

父は最近、墓石だけ購入しましたが、墓の場所はまだ決まっていません。Bさんも本音では嫌だと思いつつ、先祖代々の墓の草むしりにも、毎年参加しています。

「何もかもが面倒になることもあります。できればバーチャル墓とかができてほしいんですけどね」

と笑いながら語ってくれました。

Bさんは両親の離婚、再婚で家庭環境が複雑なため、墓の問題も複雑化しています。一人っ子の自分が、両親の死や墓に関するすべてを引き受けるのは「仕方ない」「しょうがない」と語る一方で、現代の生活スタイルに合わない、形だけの墓のシステムや、先祖代々のお墓がある田舎特有の重い人間関係には、強い違和感を抱いている様子が伝わってきました。Bさん自身が、親の墓に関して複雑な思いがある分、自分が死んだ後は「子どもに迷惑をかけたくない」という気持ちも強いようです。

CASE 3

「4歳の息子を義母の養子にして家を継がせました」

Cさん（50代男性・自営業）

プロフィール
50代／自営業／神奈川県出身／神奈川県在住

自営業のCさん夫妻はともに神奈川出身。Cさんの実家は郊外にありますが、都市部にある妻の実家に住んでいます。息子2人はすでに成人、独立しています。

一人娘である妻の実家は江戸時代から続く旧家。妻の母が家を継ぐことにこだわったため、Cさんの次男が祖母の養子になる形で、苗字や家業を継いだ珍しいケースです。

Cさん夫婦の両親は亡くなっていて、盆や彼岸には家族で欠かさず墓参りに行っています。

「家を継ぐために次男が妻の祖母の養子に」

Cさんは、長男が生まれたことをきっかけに、妻の実家で同居し始めました。

「一番多いときで、おばあちゃん、お義母さん、家内と私、私たちの子どもの4世代で同居していましたね」

Cさんは妻の両親と同居していましたが、婿養子ではありません。一人娘である妻がCさんの姓を名乗ることになり、江戸時代から代々続く妻の家の苗字を継ぐ人がいなくなったため、Cさんの次男を戸籍上、義母の養子にしたそうです。

「戸籍上は、家内から見れば、息子であり、弟ってことだよね。そんな大した家じゃないんだけど、家内の母や祖母がこだわったんじゃないの？」

次男が養子になることは、Cさんに男の子が2人生まれたころに出た話だといいます。

「今思えば、みんなタイミングを計っていたと思うけどね。『小学校に入る前に』みたいな。結婚前には自分の子どもを養子に出すなんて思っていなかったんだけどね、でも、自分が婿養子になるのは勘弁してほしいなと思っていたし」

Cさんの亡くなった両親も「お嫁さんの実家で同居するまではいいとしても、婿養子に出すのはちょっと……」と難色を示したようです。

戸籍を変更したのは、次男が幼稚園の年少、長男が年長のときです。

「どこまで理解していたかわからないけど、おばあちゃんの跡を継ぐっていうのは、『そうか〜』って感じだったとは思う。幼稚園などでも、我々とは違う苗字で呼ばれていたし、公的書類も全部、家内の苗字になるんだよね。家内の実家の周りは古い家が多くて、都会だけど村社会みたいなところもあって、隣近所からのアドバイスもあって養子の選択に至ったんだと思う。実質、次男の意思はないに等しく、勝手に決めたってことだよね、僕も反対はしませんでした。こういう家の人と結婚したわけだし、書類上だけの話だしね」

「長男のお嫁さんもこういう家だとわかっている」

現在、Cさんの長男は32歳、次男は30歳。長男はすでに結婚していて、次男は、大学卒業後、海外で勉強を続けています。苗字の継承にこだわった妻の祖母の遺言で、妻の実家の事業や墓などは、次男に相続されています。

「お義母さんが亡くなった今は次男が檀家になって窓口をやってくれていますね」

Cさんは、次男が結婚して子どもを持つことを「期待していない」といいます。

「自由に、好きにやればいいんじゃないかな。でも、次男は家を継ぐという意識はあるのか『35歳くらいまでには結婚しようかな』と言っていますけどね。家内もはっきり口に出すわけじゃないけど、本音では家を絶やしてほしくないのかもしれません」

将来、次男が結婚しても、子どもを持たなかったり、男の子が生まれなかったらどうなるのでしょうか。

「長男に男の子が生まれたら、また養子に……みたいなことは、みんな考えていると思います。長男のお嫁さんも、こういう家だとわかって結婚していますしね」

「自分は長男だから将来は実家の墓に入るつもり」

Cさん自身の実家は神奈川の郊外にあります。長男であるCさんが妻の実家で同居することになったので、弟夫婦が実家近くに住んで、両親の面倒を見てくれていたのだそうです。

「うちの実家の墓は30年くらい前に建てたものです。父は長男ではなかったので、母の両親の墓のあるお寺で新規募集があったときに、母はこれ幸いと早々に買っちゃったんだよね。ずっと空っぽで墓石だけあったんだけど。今は父も母も入っています」

Cさんが将来死んだときは、この実家の墓に入るつもりでいます。

「弟は長男じゃないから、墓を別に買うことになってる。自分で『次男だから』っていうんだよね」

「うちの墓、全部で3つあるんです」

Cさんの実家の墓と、妻の実家の墓は偶然ですが、県内の同じ地域にあり、お盆やお彼岸には、子どもたちも含めた家族で墓参りに行きます。江戸時代から代々続く妻の実家の墓は、かなり立派なもので、ふだんは墓の草むしりを石材店に依頼しています。

Cさんの妻の側には、もうひとつ墓があります。妻側の親族で、後継ぎがいなかったために絶えた家の墓です。

「家内のおばあちゃんがその墓の墓守をしていたので、それを引き継いでいます。今は次男の名義。どれも県内だけれど、うちには僕の家の墓、家内の家の墓、その絶えた家の墓と、３つあるってことですね」

一時期は4世代で暮らしていたから、息子2人も、墓参りに慣れています。

「次男も墓守が重荷だという感覚がないと思います。当たり前のことというか。家内もそうですね、さっきの2つの墓、毎月ずっと家内と子どもは墓参りに行っていましたからね。去年結婚した長男も、お嫁さんと一緒に結婚の挨拶をするため3カ所の墓参りに行ったそうです」

Cさん自身は、今まであまり墓を意識したことはなかったけれど、自分の両親が亡くなったときに、喪主を務めたことで、初めて向き合う意識が芽生えたといいます。

「家内も、僕の実家の墓に入ると思います。一応、お嫁に来ているということになっているのでね。わざわざ話したことはないですけど。家内の実家の墓には、養子になっているうちの次男が入りますね」

由緒ある家ならではの、代々続いた苗字や墓を守っていかなくてはならないという事情が垣間見えたケースです。曾祖母や祖母と同居していた影響なのか、盆や彼岸の墓参りも、息子たちを含め、家族みんなが当たり前に行う行事として定着しています。

Cさん自身は、妻の実家で長年同居していたけれど、自分は長男であり、実家の苗字や墓を継いでいくのだという意識を持っていることが、言葉の端々から伝わってきました。

CASE 4

「弔いたいし、弔われたいです」

Dさん（30代女性・専業主婦）

プロフィール

30代／専業主婦／栃木県出身／神奈川県在住

専業主婦のDさんは、夫と幼稚園生の子ども2人と家族4人で神奈川県に暮らしています。Dさんの両親は栃木県で農家を営んでいて、Dさんの実家を絶やさないために、Dさんの父は婿入りをしました。Dさんは妹と2人姉妹です。ゆくゆくは実家の家屋敷、農地、さらに墓をどうするか妹と2人で考えることになるそうです。

「お義母さんは家族じゃなくて親族」

Dさんにとって家族とは? そう尋ねると、

「主人と自分、そして2人の子どもたち。これがまず1つ目で、2つ目は両親と妹です。結婚してからできた家族と、実家の家族の2つ。お義父さんはもう亡くなっていますが、お義母さんが家族かといわれると、うーん……親族といわれたらピンと来ますけどね」

義母は家族ではなく親族。Dさんだけではなく、結婚した女性の多くはそう思っているのかもしれません。

「でも、正直なところ、結婚したばかりのころは実家のお墓に入りたいと思うこともありました。分骨というのか、お骨を2カ所に分けられたらいいな、なんて。でも、もう、考えなくなりましたけど」

では今後、分骨が一般的になったとしたら自分の実家のお墓にも入りたくなるのでしょうか。Dさんは「その気持ちはゼロではないです」と言います。

Dさんの実家の墓は2つあって、1つはお寺に先祖代々の古い墓があります。もう1つは、家から近い畑の真ん中に、数軒の家の墓が集まる区画があり、そこにも墓があります。畑の墓には曾祖父母の代から入るようになり、Dさんの両親も、その畑の墓に入ると決めているそうです。

「このS家はお母さんの生家で、お父さんは婿養子です。お母さんにとっては自分の家の墓なので、絶対そこに入るでしょうし、お父さんから『実家の墓に入りたい』と聞かされた覚えはないので、2人揃って入るはずです」

母は3人姉妹。父は7人兄弟の末っ子で、婿に入ったのは「S家を絶やさないため」でした。母は婿を取るためにお見合いをしたそうです。さらに、Dさんは2人姉妹。となると、父が婿に入ってまで後を継いだS家は、将来どうなってしまうのでしょうか？

最近、妹の結婚が決まったそうで、相手の家は男2人の兄弟ですが、弟はすでに結婚して家を出てしまっています。「婿に来てくれる?」と、念のため、相手に聞いてみようという話が出たものの、「もう婿養子に家を継がせる時代ではないし、それが原因で破談にでもなったらかわいそう」ということになったそうです。

「お父さんは『S家はおれの代で終わりだな』って、笑いながら話していますけど、本音では寂しいと思います。田舎で家が絶えるって、都市部で思うよりずっと大変なことですから」

父は家、畑、墓をすべて継ぐために婿養子に来ました。しかし、時代が少しずつ変わり、子どもは2人ともお嫁に行くことになり、父の代で家が絶えることが決まったわけです。

妹の結婚が決まったとき、「養子をもらうのはどうだろう」と、Dさんは両親から相談されたといいます。その話をDさんが夫にすると、「え? そんなに重たい話題だったの?」と驚いていたそうです。

夫の家は、両親のどちらかが生まれた場所ではなく、仕事の関係で落ち着いた先でマイホームを建てた、典型的な核家族の家庭です。

「妹の結婚について、お義母さんにはまだ話していません。話したら『家はどうするの?』と聞いてくるでしょうね。でもそれは、特別な意図があるわけではなく、『お父さん、お母さん、寂しくなるわね』という、ごく一般的な感想だと思います」

都市部で、生家と離れて家庭を築いた義母には、「家、畑、墓を継ぐ」という、田舎の感覚がピンと来なくても仕方ないと思っているそうです。

「正直、面倒ですよ」

実家の墓は、本家と分家の墓が隣接していて、自分の家の墓だけでは済ますことはできず、まわりの墓にもお線香をあげ、本家とお隣にはお花を供えます。

「うちは本家なんですが、本家の本家もあるんですよ」

お花の種類を見ると、どこの家の人が供えてくれたかだいたいわかるため、お会いしたらお礼の一つも。今は実家の母と墓参りに行っていますが、もし妹と2人になったら「どの墓がどの家のものかわからなくなるかも」。姓が同じ家が多いため、すべて把握するのが大変だとか。

「え〜い！　全部やっとくか！　という感じになるでしょうね」

頼もしいセリフが飛び出します。

でも、「正直、面倒ですよ」と、本音もチラリ。

両親が亡くなった後について尋ねると、家と農地は手放すとしても、墓は「残したい」といいます。

「お盆なのにこの家は誰も帰ってこないのか、かわいそうにって思われたら悪いので両親が亡くなったら、今より墓参りしたい思いは強くなると思います」

妹の嫁ぎ先は実家からさほど遠くないため、姉妹で協力しながら墓を守っていきたいそうです。

「でも私たちが60歳、70歳になったら、墓参りそのものが難しくなるでしょう。そうなったら、先祖代々のお墓があるお寺で永代供養してもらうと思います。私の子どもたちに託すのは荷が重いでしょうから、姉妹で墓じまい、ですね。主人の実家の墓は神奈川だからいいとして、栃木となると遠いし、子どもたちに託すのは無理です」

「供養とは忘れないこと」

では子どもたちに、自分の墓とはどう向き合ってほしいのでしょうか。

「無理強いはしませんけど、年に1回でいいからお墓参りをしてほしいですね」

Dさん自身、少し遠くても実家の墓参りを続けているように、「それは当然のこと」という感覚があるようです。

「大好きな家族を弔いたいし、弔われたい。最近は散骨などいろんな形があるようですが、そういうものには興味ありませんね」

墓に強いこだわりがあるわけではありませんが、弔われることを望んでいます。

供養とは、忘れないこと。

「1年に1回でもいいから、墓の前で手を合わせ、家族の楽しい時間を思い出してほしいです。法事・法要などの儀式も、それぞれの時代で一般的な範囲で続けてほしいし、お墓を管理せず、荒れたままにしておくなんて考えられない」

思い出してくれさえいれば、いつか維持が難しくなったとき、墓じまいされるのは納得できるそうです。

Dさんの夫の実家の墓は海が見える高台にあります。実家から歩いて1時間、車なら10分。

「実家に行くたびにお義母さんと主人、子どもとみんなでお参りに行きます。景色がよく、ピクニックのような感覚で、墓地で家族写真もよく撮ります」

この墓地からなら家も見えるし、海も見える。義父にとっていい場所だと思って決めたそうです。Dさんは実家の墓について「しょっちゅう行くところではなくて怖いところ」だと思っていたそうですが、義父の墓は、夫の実家に行くたびに行きます。だから墓に全然抵抗がないそうです。

「もしかしたら、子どもたちは私が思うほど墓守に対して荷が重いなんて思わないかもしれませんね」

Dさんは、「親を従来通りに弔いたい」と考えており、自身の死後の供養についても、「従来通りの方法で、できれば一般的な時期まで弔い続けてほしい」「分骨が一般的になったら検討するかもしれない」と考えていて、1970年代以降の日本を象徴する〝総中流時代からくる横並び意識〟のような、豊かで平等な意識を感じました。

インタビューの後、3人目の子どもが生まれました。実のところ、Dさんのような〝標準家庭〟は、まだまだ多いのかもしれません。

CASE 5

「将来は盆暮れを大事にしようって気持ちになると思う」

Eさん（30代女性・アルバイト）

プロフィール

30代／アルバイト／東京都出身／東京都在住

東京出身、東京在住のEさんは現在アルバイトをしています。離婚歴があり、2人の子どもは夫が引き取りました。離婚後に交際した男性とは、彼の両親も含めて良い関係を築いていましたが、彼が事故で重い後遺症を負い、交際が終わりました。Eさんは現在、新しい交際相手と暮らしています。Eさんのきょうだいは姉が1人。姉は既婚ですが子どもはいません。

「元彼とその両親が『家族』の象徴」

「家族といわれると真っ先に頭に浮かぶのは、変な話だけど、元彼とその両親なんだ」

そう語るEさんの元恋人は、事故で重度の後遺症が残り、現在も病院に入院中。医師から回復の見込みがないと診断されたことで、交際に終止符を打つ決心をしたといいます。

「そもそも私は死後の世界を信用してないので、元彼が死にそうになったときも、死んでも思い出だけ残ればいいと思っていて、墓が云々というのは全然考えなかったな」

Eさんが身近な人の葬式に出席した記憶は、一番近くても10年前。父方の祖父母の葬式だったといいます。

「父方のおじいちゃん、おばあちゃんは一緒に住んでいたから、家族だったと思ってる。だけど、母は事情があって産んだ母親の妹の養女になったんだけど、『親にかわいがってもらった記憶がない』って言うんだ」

だから母方の祖父母を家族だと思ったことはないといいます。

「郊外に父方の祖父母2人が眠っている墓があるから、お父さんが死んだらその墓に入ると思う。お母さんもここに入るだろうね」

Eさんがまだ中学生のころ、母から「海に散骨してほしい」と言われたこともあります。

「当時はそんなことも言ってたけど、もうこの墓でいいんじゃない？　自分では墓に入れないんだから。親が死んだときにどうしてほしいかなんて、聞かなくてもわかるというか」

親戚付き合いも少ないEさんは、親の葬式を盛大にやるつもりはないのだそうです。

「葬式もさらっとやってさ、お墓も今あるものでいい。私が生きている間は、お墓に入れといてあげたいなと思う。墓に入ることが当たり前の世代だしね」

「自分が死んだ後なんてどうでもいい」

Ｅさん自身は、自分が亡くなった後のことを考えることはあるのでしょうか。

「私が再婚しなければ、私も実家の墓に入るね。自分が死んだ後のことを、子どもたちやお姉ちゃんにお願いすることは、考えたことない。私とお姉ちゃんが死んだらもう終わりでいいんじゃない？　お姉ちゃんには子どももいないんだし」

実家の墓を、自分の子どもたちに継承してほしいとも思っていません。離婚経験のあるＥさんは、子どもたちが将来、自分の墓と、元夫の家の墓の２つをみることが負担にならないか心配しています。

「子どもたちがみるというなら、何が何でもつぶして共同墓に、とは思っていない。任せる。でも、あの子たちにどうしたいか聞くのは酷だと思う。とはいえ、私は次女だから、自分が60歳とか70歳になったら、お姉ちゃんに相談するかな」

まだ親しい人が死んだという経験がないから「親しい人が死んだ後の気持ちがちょっとわからない」というＥさん。

「今考えてもタラレバだよね」

現在の交際相手とは再婚を考えています。

「自分が再婚しないとは思ってないの。だから、夫になる人の家の墓に入るんだろうね。でも死んだ後なんてどうでもいい。だってもう自分はわかんないんだから。どうぞ、便利いいようにしてくださいって感じ」

「誰かの名義にしなきゃいけないなんて面倒だね」

Eさんの姉は長男と結婚していますが、姉の夫の実家を継いでいるのは実質次男です。だから、Eさんの実家の墓に、姉夫婦が入る可能性もないとはいえません。

「お姉ちゃんは、うちの子どもたちとほとんど交流がないのね。だからお姉ちゃん夫婦が実家の墓に入ったとしても、子どもたちにみさせるつもりはない。そんな義理もないし」

Eさんの両親は、自分たちの家を、Eさんの子どもたちに残したいと考えています。

「苦労して買った家だから、血のつながっている者に託したいみたいね。墓もセットかもしれない。私は再婚しても子どもを産む予定はないので、私に託して私が先に死んだら、再婚相手やその親戚に相続されるのが嫌なんだって。そう思うと家も墓も同じだよね」

墓や家は「親族や兄弟みんなで共同管理すればいい」というEさん。

「誰かの名義にしなきゃいけないなんて面倒だね、考えるだけめんどくさい。だったら何もないほうがいいね。家も、墓も、お金も。いらないね」

Eさんは、生きている間に子どもたちに墓や家を託すつもりはないといいます。

「子どもたちがしっかりした大人に成長して『墓どうするの？』と聞いてくれたら『どうでもいいよ』って答えるかもしれないけど、生きているうちにわざわざ連絡する気はない」

そう言いつつも、

「今はあまり盆暮れ彼岸とか気にしていないけど、年を取ったら、人として『盆暮れを大事にしよう』っていう気持ちが芽生えるような気がする。そうなったら、墓があってもいいのかなと思う。親が入ってるとか、誰が入ってるからとかじゃなくてね」

家族といわれて思い浮かぶのが、生家の家族ではなく、かつて結婚していた家族でもなく、元交際相手とその親だというのは珍しいケースです。墓に対しては、子どもたちに負担をかけたくない、面倒ならつぶしてもいいという思いと、今後は盆や彼岸の墓参りなどの行事もきちんとやりたくなるのではないか、という2つの相反する気持ちがEさんの中にあることが伝わってきました。

CASE 6

「実家の墓は墓じまいすることになるだろう」

Fさん（50代女性・会社員）

プロフィール

50代／会社員／愛知県出身／東京都在住

会社員のFさんは、自営業の夫と東京で2人暮らし。Fさんの実家は愛知県にあり、クリスチャンだった父は18年前に亡くなっています。今年、母が亡くなったことをきっかけに、キリスト教の納骨堂から父の遺骨を分骨して、母の遺骨と一緒に実家の墓に収めました。Fさんの夫の実家は離島にありますが、家や墓の管理は夫の弟に任せています。

「親しい人が死んで初めて墓参りに行く気になる」

Fさんの実家は約200年続く歴史のある家で、Fさんで10代目。Fさんと妹が結婚して実家を出たので、

「父が『俺の代でこの家を潰すのか』と言いながら、病に倒れて亡くなっていったことをよく思い出します。もう18年前のことね」

Fさんの母は仕事をしていたので「父が亡くなるまで、誰かのお墓参りに行く姿など見たことなかった」そうです。

「父が死んでから、母はいそいそとお墓参りに行くようになって。まあ、人っていうのは、親とか配偶者とか、一親等くらいが亡くならないと、熱心にお墓参りに行く気にならない

んだなって思いましたね」

Fさんの父は次男でしたが、長男が戦死しているので、実質長男だったといいます。実家には、Fさんの祖父が建てた墓と、もう1墓、江戸時代から続く、墓石の刻まれた文字ももう読めないような古い墓があります。

「私の親戚なんて10個くらいお墓があるのよ。そういうのは田舎に多いと思う。お墓がいっぱいあると、お花代やお参りしてもらうお金もかかるから、集約するっていうのも田舎ではちょっとブームになってるわね。うちも1つに集約しようかなあと思っています」

「寺の過去帳に載らないと生きたことにならない」

Fさんの父はクリスチャンだったので、Fさんの祖父が建てたお墓に入りたがらなかったといいます。キリスト教の中でも墓を建てない流派で、納骨堂のような場所に骨壺を置いてあります。

「実家に帰るたびに父のお墓参りはしていましたね。でも、母が死んだときに、母だけ一人、父の親の墓に入れるのもかわいそうでしょう。今ごろ、父は怒っているかもしれないけど、キリスト教の墓から骨を持ってきて、寺に分骨したの」

父の遺骨を分骨した理由は、寺の過去帳に載せたいと思ったからだそうです。

「過去帳に載らないと、この地域で父が生きたことにならない。母の名前だけが残るのも、かわいそうだなと思って」

Fさんも妹も、もうこの土地の人間ではありません。

「だから別にいいんだけど、父が生きた証と、母とのつながりだけは残したいなって。そこが唯一感傷的になった部分かな」

Fさんの妹は、実家からそう遠くない地域のお寺に嫁いでいます。

「お寺の奥さんとして知られているから、実家の墓に枯れた花を供えておくわけにはいかないでしょう。母が亡くなってからは頻繁に行ってくれているから、今のところ、実家の墓で困っていることは全然ないわね」

ただ、Fさん夫婦には子どもがいないので、自分が亡くなった後のことや、将来、実家の墓の管理をどうするのかは考えざるを得ません。

「妹の息子は、妹の嫁ぎ先のお寺を継ぐのかな？　それなら、私が死んだら甥っ子が継いだお寺に納めてもらおうかな」

そうなったら実家の墓は、

「私と妹で墓じまいすることになるだろうね。うちの田舎は100軒向こうまで誰だかわかるようなところだから、私や妹が死んでも誰かしら親戚に連絡がいく。迷惑はかけたくないので、墓じまいとか、そういうことを考える時期かもしれない」

「夫の家の墓ではなく実家の墓に入りたい」

Fさんの夫は長男ですが、実家は遠方の離島にあり、弟が親と同居して家も相続しています。Fさん夫婦はすでに財産を放棄していて、墓の管理も弟の家族に任せています。

「普通に考えると、夫はそっちの墓に入るだろうね。私自身は知らないところで眠るのは落ち着かないから、お寺がいいと言ってくれるなら、自分の実家の墓に入りたい。田舎の墓だからそうはいかないかな。同じ戸籍じゃないとダメかもね」

夫は「遺骨は海に撒いてくれ」と言うのだそうです。

「自分は風来坊で、定位置を持たなくていいっていうのよね。でも私は『海に撒いてください。私の形跡はなくなってもいいです』というほどの強さはなくて。そんなに海が好きでもないし。月での宇宙葬も、山での散骨でも同じで、自分の存在を無にする勇気がなくてね」

自分が死んだ後、どうなるのか知りたいというFさん。

「自分が死んだ後のことまで考えなくていいって人が多いけれど、私は知りたい。奥が深いもの。でも、結局うちは後継ぎがいないから、それを思うと新しく墓は建てられないかな」

Fさん自身も妹もよそに嫁いだ身であり、Fさんには子どもがいないので、実家の墓の管理や、将来、自分が亡くなった後のことが今後の課題となっています。

実家の墓については、一つに集約したいとか、墓じまいをするべきかなど、具体的に考えていますが、自分の死後については、まだ気持ちが揺れている様子です。

散骨など自然葬がブームのようにいわれていますが、実際はFさんのように「死んだら墓に入りたい」という考えの人が多いのかもしれませんね。

CASE 7

「墓なんかつくっちゃうと身動き取れないなって思うね」

Gさん（30代女性・専業主婦）

プロフィール
30代／専業主婦／東京都出身／埼玉県在住

埼玉県に住む主婦、Gさんの目下の悩みは5年前に亡くなった義父の墓が、いまだに決まっていないこと。現在、千葉県で1人暮らしをしている義母に介護が必要になったときに、夫の兄と夫のどちらがケアするかで、墓の場所も変わってくるのではないかと考えています。長らく独身だった義兄に代わって、Gさんの家族が義母と同居するべきなのか、と覚悟しかけた矢先、義兄の結婚が決まりました。

「同居や介護のことが決まらないと墓も決まらない」

現在、義父のお骨は、義母が1人暮らしをしている千葉県にある寺の納骨堂に預けています。

「期限があればよかったんだけど、お金を払えばいつまでも置いておけるので、決められないまままずるずるしちゃって……」

そこはGさんの義父母が檀家になっている寺で、最初はその寺に墓を買おうと考えていました。

「お義母さんが『お父さんが一日中ここにいることをどう思うかな?』と言い出して、景色がいいほうがいいんじゃないか、もっといい場所があるんじゃないか、と迷ってしまって。もう5年くらい経っているから、お義母さん一人じゃ決められないんだよね」

Gさんの夫は次男なので、親の墓をみない可能性もあるけれど、これもはっきりしないのだそうです。「兄弟でちゃんと話し合って」と再三、夫に頼んでいるけれど、結局何も決まらないまま、ここまできてしまいました。

「どっちがお義母さんの面倒をみるのかわからないから、墓も決まらないんだよね」

Gさん夫婦は結婚して10年。2人の子どもがいます。

「結婚当初は、長男であるお義兄さんがお義母さんをみると思っていたの。でも、ずっと結婚の話がなかったので『うちが長男的役割をするのかな?』と、ここ数年で覚悟してたら、急に結婚するってことになって。誰が長男的役割をするのか、またぼんやりしちゃって」

義兄夫婦はお嫁さんの意思で子どもを持たないと決めているそうです。

「お義母さんは、お義兄さん夫婦が子どもを持たないと決めていることに不満があって…うちの家族と暮らしたいんだよね。孫2人も懐いているし、私とも無難に10年経ってるし。うちの近くで墓を探したこともあるんだけど、お義兄さんが結婚したことで、埼玉での墓探しも宙ぶらりんのままなの」

「気づくと、お義父さんの意思がない」

Gさん夫婦は、老後は今住んでいる埼玉の家を引き払って、東京に住みたいと考えています。今の家は費用と通勤時間との兼ね合いで選んだにすぎず、Gさん夫婦にとって縁もゆかりもない土地。だから、もしも義母がこの町に墓を買ったら、将来、自分たちがこの土地を離れにくくなるという不安や重さを感じています。

「わざわざ、うちのそばに買ったっていう気持ちが重たいよね。お義母さんと暮らすとか、墓をこっちに買うってことは、私の人生にも大きく関わることなのに、自分の意見はやっぱり言いにくいよね。嫁姑問題と同じに感じるというか」

義父が亡くなったばかりのころは、Gさんも義母の希望をできるだけかなえてあげたいと思っていました。

「でも、あれから5年も経って、お義父さんへの気持ちとか、宗教儀式的なことが続いていた〝それっぽい感じ〟も薄まってしまって。お義父さんが生きているときに、千葉のお寺に買っていれば『お義父さんが生前暮らしていた土地だから、少し遠いけれどお墓参りに行こう』と思えたのに」

生前、義父が埼玉のGさんの家に来たことがあるのはたったの2回。

「お義母さんも『お父さんのために、お父さんのために』と言っていたのに、気づいたら、もはやお義父さんの意思はどこにもないよね。お義父さんはこっちの土地に縁も思い入れもないし。あるのはお義母さんの都合だけ」

義兄夫婦が、お義母さんの面倒をみることになれば、一切口を出すつもりはないというGさん。しかし、義兄夫婦の意思はいまだにはっきりしないままです。

「もしもお義母さんが、この町にお墓を建てたら、私たち夫婦もその墓に入るかもしれない。そうなると、今度は子どもたちに、この心苦しさを押し付けることになるね。義父母の墓問題は、うちの子どもたちにとっても重要な問題だということに今、気づいた！　この町に買うと言い出したら、もう黙っていられない。反対します！」

「私自身の遺骨は捨ててくれてもいい」

今回のインタビューを受けたことで、親子で墓について話し合っておくことの大切さに気づいたというGさん。

「家に仏壇もないし、墓参りの経験も少ないまま急に誰かが死んで、慌てて決めたりするから、後々困ったことになるのかもね」

Gさんが将来心配しているのは、子どもを持たないと決めている義兄夫婦が亡くなったとき、誰がお葬式をしたり、墓に入れたりするんだろうということです。

「うちの子どもたちということになっちゃうよね。でも、もしもお義兄さんが先に亡くなったら、お嫁さんなんてほぼ他人。これも厄介な問題だね」

Gさんは自分自身が亡くなった後は、できるだけ子どもたちの負担になりたくないと思っています。

「子どもたちには自由に羽ばたいてほしいから、私の遺骨なんか捨ててほしい。墓なんかつくっちゃうと身動き取れないなって思う。仏壇とか写真があれば、もういお墓はいいんじゃない？　お墓参りしてほしいなんてまったく思わない。死んだらもう関係ないね」

老親との同居や介護の問題と、墓の新規購入は、決して切り離せない地続きの問題であることが伝わってきました。

Gさんの夫も義兄も、何も決断しないまま時間が経過したことで、Gさんは義父を弔う気持ちが薄れ、義母は年齢を重ね、義兄は遅めの結婚が決まるなど、どんどん状況が変わっています。また、現在の居住地を基準に墓を買ってしまうと、将来、引っ越しがしづらくなることを示唆するケースでもあります。

CASE 8

「私は共同墓でいい」

Hさん（70代女性・自営業）

プロフィール
70代／自営業／宮城県出身／東京都在住

宮城県出身のHさんは、東京で長男と2人暮らし。元夫とは40年以上前に別居し、後に離婚しました。長女は結婚して関東近郊に住んでいて、すでに孫（Hさんにとってはひ孫）もいます。Hさんは自分が亡くなった後、共同墓に入ることを希望しています。

「30年もすれば自分を知ってる人もいなくなるわよ」

「両親が亡くなったのは30年くらい前だから、あまり覚えてないなあ。母は子どものいない親戚の養女になって、そこに父が婿入りしたの。実家は農家なんだけど、昔は子どもがいなければ養子をもらうって自然なことだったと思うわ」

宮城県にあるHさんの先祖代々の墓は、寺や霊園ではなく、家の土地に建てられています。東京に住んでいるHさんは、墓の管理はしていませんが「頼めば入れてくれると思う」。

「娘は私にそっちに入ってほしくないと思っているみたい。遠くて墓参りに行けないからって。私の実家と子どもたちは付き合いがないのよね」

息子は離婚した夫の姓を名乗っているので、Hさんの実家の墓には入れません。82歳になる元夫も親類とは疎遠なので、死んだら無縁仏になるだろうとHさんは考えています。

「無縁仏って共同墓のことね。私だけが墓に入っても、息子や元夫には墓がないだろうから、私も共同墓でいいと考えているの」

離婚したとはいえ「子どもたちの父親だから……」とHさんは言います。

共同墓に入りたいと言ったら、娘からは反対されたそうです。近年建てたばかりの娘の夫側の墓は名字が違っても入れるタイプで、Hさんが亡くなったときに、夫側の家の墓に入れるように取り計らってくれました。

「娘の夫も、その親御さんも、私が入ることを了承してくれているんだけど、私は共同墓でいいの。今は少子化でしょ？　めいめいのお墓を建てないでみんな共同墓に入るのが一番合理的だよ。どうしても家柄的にという人だけは、別につくればいい話で、後はいいのよ。30年もすれば自分を知ってる人もいなくなるわよ」

「今はせめて『かわいげのある老人』でいたい」

同居しているHさんの息子は、経済的な困窮もあり、いつも「親より先に死にたい」と言うのだそうです。

「責任持ちたくないってことよ。今はまだ、私がピンピンしてるから、死ぬ実感がないんじゃないかな。私に頼っているという自覚もないと思うわ」

息子は現在、給料に余裕があるときだけ、生活費を入れるという状態です。

「まとまったお金を息子が払うことは無理でしょうね。私の老後や、死後の面倒はみれないわね」

娘は病院で介護の職に就いていて「私が母をみます」と言っています。

「自分も腰が痛くて大変なのに私を思ってくれるわ。優しいね。のんきな親を持った宿命ね。仲の良い母娘というより、娘が私のお母さんのようだわね」

娘には子どもも孫もいるから生活に心配はないけれど、自分が将来亡くなった後のことについては娘にお金を出してもらうことになるので、Hさんは申し訳ないと思っています。

「娘に迷惑をかけたくないけれど、まったくかけないってことはできないでしょう？　せめて今は、娘に憎まれ口をたたかず、素直な老人でいようと思ってる。かわいいと思えばみてあげようと思うじゃない。憎たらしい老人にはならないように心がけてるわ」

娘と息子は、何かあれば話し合える関係だけれど、ふだんは連絡を取らないといいます。Hさんは少しでも子どもたちに負担をかけたくないという思いから、死後にかかる費用を積み立てる互助会サービスに契約しています。

「多少は自分で残せるように、保険みたいな……なんだっけ？　そういうのに入ってるの。でも足りないと思うので、娘が払うと思う」

「死んだ後に大事にされるより、今が大事」

元夫は生活保護を受給していて、現在は自治体が手配した介護施設にいます。施設への支払いは生活保護だけでは足りず、不足分は娘が払っています。

「娘は元夫が嫌いだけれど、役所から言われたから仕方なく払ってるだけ。元夫が亡くなっても、自分たちのお墓には入れたくないと思う。最低限のことはするだろうけど」

共同墓に入ることを嫌がっている娘を、Hさんは「死ぬまでには説得しようと思ってる」といいます。

「嫌だから拒否しているわけじゃなく、意思でそうしたいの。もし、遺言を書く場合は、共同墓地に入れてくれって書くわ。楽しく生きていたら、死んでからはどこだっていいじゃない。死んだ後で大事にされるよりも、今を大事にしたい」

元夫も、息子も、生活困窮者で墓を建てる余裕がないから共同墓地に入るだろうと予想して「自分もそれでいい」とHさん。離婚し、数十年を経て今は連絡を取っていなくても

「子どもたちの父親だから」という言葉が重く響きました。

インタビュー後、Ｈさんが契約した互助会サービスが詐欺まがいであったことが判明し、契約を解除しました。Ｈさんのように「子どもに迷惑をかけたくない」一心でこういった詐欺の被害者になることが年々増加しており対策に課題が残ります。

CASE 9

「実家の墓に両親と一緒に入りたい」

Iさん（30代女性・会社員）

プロフィール

30代／会社員／茨城県出身／茨城県在住

茨城県のベッドタウンで育ち、今も住んでいる会社員のＩさん。同じく会社員の夫、中学1年生の長男、小学校6年生の長女、愛犬ラブと暮らしています。

きょうだいは兄が1人。Iさんの母は8年前に亡くなっていて、父（後述のJさん）は健在で近隣に住んでいます。地元の寺にある実家の墓は父が建てたもので、母方の祖父母と、亡くなった母が眠っています。

「父の建てた実家の墓を守りたいし、大好きだったお母さんと入りたい」

「お墓についてまず言えることは、実家の墓に、大好きだったお母さんと入りたいって思いだね。お父さんも入るしね。旦那は別でいい。でも子どもはこっちに入ってほしい。要は〝自分の家族〟と入りたいってこと」

Iさんの兄は結婚していますが、長いこと子どもはいないそうです。兄夫婦が実家の墓に入りたいといったら？

「お兄ちゃんはこっちに入って、お嫁さんは自分の実家に入ればいいじゃんって思うけど、思い通りにはいかないよね」

なぜIさんの父が、母側の墓地を用意して墓を建て、管理をしているのかというと、東北に住む母の兄弟が経済的な理由で用意できなかったからだといいます。

「母の兄は離婚して、妻や子どもと連絡を取ってないから『俺も誰か散骨してくれ』って」

Iさんの母は病気で入院していましたが、本人も、家族もまったく予想していなかったほど突然亡くなったのだそうです。

「自分が死ぬと思っていないうちに死んじゃったのね。だから死んだ後のことは言ってなかったよね、まだ62歳だったしね」

父は母方の祖父母のために墓の土地を用意して、母が亡くなったタイミングで墓石を建てたのだといいます。

「墓に書いてある名前は、父の苗字。お父さんも、あらためて口には出さないけど、亡くなったらその墓に入ると思う。私はその実家の墓を守りたいんだ。継ぎたいというよりは、お参りしたいし、守りたい。お寺のお坊さんに聞いたら、苗字の違う私でも入れるって言われたの。だから、私も子どもも入れると思う」

「思い出のある墓や家を兄嫁に渡したくない」

兄夫婦には子どもがいないので、Iさんがその墓を継承して、自分の子どもたちにみてもらいたいと考えていることは、父にも伝えました。

「そのときはお兄ちゃんが一緒にいたから、その場で『うん』とはいえないよね。お兄ちゃんは気にしないと思うけど。お父さんが今は管理費とかも払っているし、お兄ちゃんはまだ何も関わってない」

兄夫婦は年が離れた夫婦で、兄嫁は兄よりもかなり年下なのだそうです。兄が実家の墓や家を継承した場合、兄が先に亡くなったときに、大切な家族が眠っている墓や、思い出のある実家の家が、兄嫁に相続されてしまうことがIさんは納得できないといいます。

「お兄ちゃんならいいけど、お嫁さんには渡したくない。嫌いじゃないけど考え方が違うっていうか、他人って言っちゃ他人だし。お金の問題じゃなくて、生きてるときの気持ちの延長だよ。『この家族で！』っていう育った家族への思いがある」

たとえ兄が墓を継ぐことになっても、兄が亡くなったら「契約者の名義を返してほしい」

とIさんは考えています。

「旦那は自分の実家の墓に入るって言ってる」

Iさんの夫の実家は山形県にあります。夫の父は亡くなっていて、夫の母と夫の妹一家が同居しています。墓の管理も夫の母と妹が行っているそうです。

「旦那の実家のお墓は、お寺じゃなくて山みたいな、すごいところにある。帰省すればお墓参りとか掃除には行くけれど、帰省自体が数年に1回くらい」

夫は就職で関東に来てIさんと出会い、結婚してIさんの実家近くに家を買い、そのまま茨城に根を下ろしたのだといいます。

「旦那は、自分は実家の墓に入るって言ってる。そういえば、私も長男の嫁だから、本当だったら山形の墓に入らないといけないわけか」

自分と夫が別々の墓に入ることになれば、墓参りなど、子どもたちの負担が増えるのではないかとIさんは心配しています。

「ママは茨城で、パパは山形ってなると大変だと思う。山形の墓は『旦那の妹たちに任せちゃえば？』って言うかも。もちろん、行きたいと思ったら行けばいいと思うけど、どっちかといえば私の実家の墓をみてほしいな」

夫の父が亡くなったときも、夫やＩさんは見舞いや手続きにあまり行けなかったといいます。墓のことを夫の妹に任せる代わりに、財産を放棄するつもりでいるそうです。

Ｉさんは、父が盆や彼岸の墓参りをきちんと行うのを見ているので、自分も自然にやりたいと思うようになりました。

「お墓参りの時期に、お花が枯れたままのお墓を見ると、誰も来ないのかな？　かわいそうだなって思うから」

自分が亡くなった後も、できれば、子どもたちにお墓参りをしてほしいと思っています。

「私だけのためじゃなくて、かわいがってくれたおじいちゃん、おばあちゃんも入っているわけだしね」

ただ、子どもたちにそれを強制する気はないといいます。

「将来、子どもたちが茨城を出て、都会に住んだとして、墓の管理をするために都会にお墓を移動したいって言われても嫌だな。やっぱり育ったこの町がいいから」

子どもたちが結婚しないかもしれないし、子どもを持たないかもしれないから、自分が入った後は、実家の墓が無縁墓地になっても仕方ないと思っています。

「今は子どもも少ないし、親戚づきあいもないから、子どもたちの世代には厳しいよね」

Iさんの家では長年、犬を飼っています。犬のお墓についてどう考えているのでしょうか。

「高校生のころに飼ってた子は、火葬して合葬してもらったんだ。今飼ってる子も亡くなったら同じようにするつもり。お寺さんのお墓に入れられないからね。ペットは人間とは別にするのが普通だと思ってた。だから、前の子と同じお寺に合葬すると思う」

祖父母や両親、自分の子どもたちなど、血のつながった家族と、亡くなった後も生きていたころのように一緒にいたいという強い思いが伝わってきました。

実家の家や墓を、兄嫁に継がせたくない理由が、家族の絆や思い出の象徴を他人に取られたくないという、気持ちの問題であることからも、生家の家族への思いの強さがあらわれています。次のＣＡＳＥ10のＪさんは、Ｉさんのお父さんです。同じ問題を、娘と父の双方の視点から語ってもらっています。

CASE 10
「みんなで協力して墓を守ってもらえるのが一番」

Jさん（70代男性・元会社員（現在無職））

プロフィール
70代／会社を定年退職後無職／茨城県出身／茨城県在住

70代のＪさんは、茨城県出身、茨城県在住。妻は8年前に亡くなっており、長男夫婦と長女（前述のＩさん）一家がそれぞれ近くに住んでいます。会社を定年退職した後、１人暮らしをしていましたが、長男夫婦と同居することが決まっています。

地元の寺には、義母が土地を用意して、Jさんが墓石を建てたJさん名義の墓があり、妻と妻の両親が眠っています。

「納骨棺から見知らぬ遺骨が出てきた」

もともと、Jさんの妻の実家は東北でしたが、妻の両親を茨城県に呼び寄せ、近くに住んでいたのだそうです。義父が亡くなり、義母1人になってからは同居もしていました。「義母が爺さん（義父）の遺骨をしまう墓地を近所のお寺と契約したんだが、当時は経済的に苦しくて墓石が建てられず、納骨できるように納骨棺（カロート）だけつくって、埋めただけだったんだ」

その後、義母が亡くなったときに、Jさんが墓石を建てました。納骨のために墓石を開けたら、見知らぬ骨壺が3人分も出てきて一同びっくりしたのだそうです。

「名前を見たら、どうやら義母が世話になっていた親戚や知人の方々でさ、このままだとカロートがいっぱいになっちゃうので、お坊さんにお経をあげてもらって、他の3人の遺骨は散骨したよ」

妻の両親の墓を、自分の名義で建てるのは、珍しいケースなのでは？

「義母がこっちで亡くなったときに、妻のお姉ちゃんに相談したら『そちらでお墓守ってくれない？』と言われたんだ。女房も生きていたし、女房の手前、嫌とも言えず、お寺さんに確認して、俺が石を建てて、こちらで女房の両親の墓を守ることになったのね」

その後、妻の姉とは、妻が亡くなったときの法事のやり取りでもめてしまい、疎遠になったといいます。姉にとっては大事な妹、Jさんにとっては愛する妻、どちらも大切な人を思ってのことでしたが、意見が合わなかったそうです。

「なかなか難しいねえ、身内とはいえ、別世帯だもんね」

「『地獄の沙汰も金次第』ってよく言ったもんだよ」

Jさんが今、一番心配しているのが、長男夫婦に子どもがいないことです。

「結婚して10年も経つから、もう持たないんじゃないかな。長男の代で墓が途絶えちゃうのが心配。だから俺が亡くなったら、長男と長女で相談してもらって。長女が継ぐのだとしたら、お寺さんに相談しておいてあげないといけない」

もしも、息子夫婦が散骨したいとか、別の意思があってこの墓に入らないと言ったときは、長女夫婦に管理してほしいと思っています。

「長男夫婦の意思は尊重するよ」

自分はこの墓に入ることに決めているので、墓に関して悩みや特別な希望はないけれど、先々のこと――息子や娘たちのことを考えて、自分が生きているうちに、区切りがつけられることはつけておきたいといいます。

「うちの墓のカロートには、骨壺が5人分までしか入らないのよ。で、基本的には30年たったら散骨ができますよっていうわけ。今は3つ入ってるから、俺と長男までは入れるけど、このままでは長男の妻は入れない」

義父が亡くなってからもう30年経っているので、お坊さんに拝んでもらって、Jさんはそろそろ散骨しようと思っています。

「そうしないと、子どもたちがかわいそうだと思ってる。どっちかっていうと、厄介なことでしょ？　こういうことは。義母は亡くなってまだ10年だし、あと20年したら俺も逝っちゃうからさ、後は兄妹で相談してもらってさ」

墓の下に散骨するにも、お坊さんにお経をあげてもらい、墓石屋に墓石を開けてもらって散骨するので、お坊さんにも墓石屋にもお金を払います。草むしりや墓石掃除など、義母の代から付き合いで、定期的に払っているお金もあります。

「お寺さんって土地を借りてるんだよね、だから金を払わなきゃ整地されちゃうんだよね。『地獄の沙汰も金次第』って、昔の人はよく言ったもんだよ。お金がなきゃ死ねないって」

「良心的な寺や墓には残ってほしい」

長女（Iさん）は実家の墓を継承したいと希望していますが、Jさんは、今は長男夫婦に気を遣って、まだ具体的にどうするかは決めていないそうです。

「長女夫婦が継承するときは、苗字を変えるために石を建て直してもらわないといけないね。それにもまたお金がかかるけれど、しょうがないね」

Ｊさんは、個人の趣味的な意向はないけれど、この墓を子どもたちに守ってほしいという思いはあるといいます。

「若いときは子どもの世話で手いっぱいだし、お金もかかるからこういうことを考えないけど、年取って自分たちの老後を考えてくると、こういうことも考えられるようになるよ」

自分には長男夫婦、長女夫婦と孫がいるので、しばらくは安泰だけど、その先は墓が絶える方向かもしれない、とＪさんは考えています。

「誰が管理するにしても、お寺さんも助かるわけじゃない？　ここは無理な檀家料も取らないし、お布施も取らない。こういういい寺には、次の世代が墓を継承していくことで、残ってほしいという思いもあるよ」

墓を建てるときには、建てる費用だけでなく、維持費や毎年かかる細々とした費用も考えたほうがいいといいます。

「維持費を調べて、よく考えて買わないと大変なことになるよね。高額なところに墓持っちゃうと、とてもじゃないけど年金じゃやっていけないよね」

孫の代以降は、成り行きでいいのかなと割り切って考えているＪさん。

「子どもも少ないし、ある程度しょうがない時代。いけるところまでいってもらえればいいよね。兄弟仲や家族仲が良くて、みんなで協力して墓を守ってもらえれば一番いいけどね」

自分が亡くなったときは、自分名義の墓に入ることが決まっているので、古い遺骨の処分など、子どもたちにとって面倒なことは、できるだけ済ませておこうと考えているＪさん。長女のＩさんに墓を継ぐ意思があることは理解しているけれど、同居が決まっている長男夫婦にも気を遣って、できれば兄弟で話し合ってほしいと思っています。

自分の墓はなるべく続いてほしいけれど、少子化の時代なので、孫の代以降は仕方ないとも感じています。墓を持つと維持費やその他いろいろお金がかかるけれど、自分の墓がある寺は良心的なので、そういう意味でも存続を願う気持ちが伝わってきました。

CASE 11

「夫の実家の墓でいい」

Kさん（50代女性・専業主婦）

プロフィール

50代／専業主婦／大阪府出身／東京都在住

関西出身のKさんは、会社員の夫、愛犬と東京で暮らしています。きょうだいは兄と姉ですが、姉はすでに亡くなっています。8年前に亡くなった父は次男なので生家の墓には入れず、新規の墓をまだ建てておらず、現在は父と姉が入る「実家の墓」がない状態です。夫の実家には墓がありますが、Kさん夫婦には子どもがいないため、自分たちが亡くなったときは夫の甥にその墓に入れてくれるように頼もうと思っています。

「砂利道の墓地なんて、そんな時代じゃないわよ」

「お墓には興味ありますよ！　私、子どもがいないから、親の墓のことより、自分たちの墓が気になるよね。年齢的に身近な話題になってきたしね」

Ｋさんは８年前に父を、２年前に姉を亡くしています。

「うちの家族はパパを中心にまとまっていたから。パパが生きていたら、今抱えている墓の問題も答えが違ったかもしれないね。強くて尊敬できるパパだったから、亡くなったのは大きいね」

父の遺骨は兄の家に置いてあります。Ｋさんは早くお墓をつくってあげたいと考えていますが、兄嫁との折り合いが悪く、兄との話し合いが進みません。

「お兄ちゃんとは仲がいいんだけど、実家の墓のことを、あんな鬼嫁に任せられへんって思うわ！」

兄には十分な収入も社会的地位もありますが、兄嫁に「財布を握られている」といいます。Ｋさんの姉が亡くなったときに、火葬代を出せないと言われたことが尾を引いています。

「たった数万円も出さないなんて信じられない！」

それでも姉の遺骨は『お父さんの隣に置いてあげて』と兄に渡したそうです。

「兄のところも、うちも子どもがいないし、私はマンションタイプの納骨堂がいいと思ってるんだけど。雨が降ってもいいし、すぐに会いに行ける。足が悪い人とかさ、砂利道の墓地なんて、そんな時代じゃないわよ。でも私は嫁に出た身だし、こっちから提案する気はないけど、あっちから聞いてきたら話してやってもいいけど」

85歳になるKさんの母は認知症で、関西の介護施設に入っています。Kさんが東京で遠方なので、母の弟が頻繁に施設に通って、ケアをしてくれているといいます。

「お母さんの弟は独身で、まだ60歳くらいなんだよね。もし亡くなったら誰が死後の面倒をみるのかな。私かしら？　母の介護でお世話になったしね」

「私そろそろ死ぬから」って甥っ子に連絡するわ

Kさんにも、Kさんのきょうだいにも子どもはいませんが、夫の姉のところに男の子が

1人います。

「甥っ子がいてくれるから、何とかなるでしょ。1人で荷が重くてかわいそうっていうのもあるけど、みんなの財産を1人で相続するんだから、優雅にやってもらったらいいんじゃない? 何年かに1回くらい見に行ってくれて、手を合わせてくれたらいいよ」

夫の実家の墓は、実家から車で30分くらいかかる不便な場所にあるそうです。Kさんはこの墓を片付けて、甥の家から便のいい場所に移動すればいいと考えています。

「そんな田舎にあっても誰も墓参りに行ってくれないじゃん? 甥っ子がかわいそうだから、都心のマンションタイプの墓みたいなところにして、そこに集約すればいいんだよ。おばあちゃんも両親も、叔父と叔母(Kさん夫婦)も、みんなまとめればいい。甥っ子はまだ21歳なんだけどね。いつの話をしてるんだってことよね」

その甥や夫の兄夫婦とは親しい付き合いがある?

「お小遣いを上げるくらいの関係だけど、私をお墓に入れるくらいのことはしてくれるんじゃないかな。もしも夫が早く亡くなって、私が90歳くらいまで生きたら、甥っ子とも30~40年付き合いが希薄になるってことよね。もうそうなったら、連絡するよ、『私そろそろ死ぬからおばあちゃんと同じお墓に入れてね〜』って頼むわ」

夫より長生きしたときのことは、友達にも頼んであるといいます。

「でも、友達のほうが先に死ぬかもしれないしね。(筆者に対して)ねえ私が死んだら墓に入れてくれる？　死ぬ時期がわかっていれば準備もできるけど、ぼけちゃったら困るわね。長生き嫌だな〜」

死後の処理や、財産管理を請け負う会社や団体の存在はKさんも知っていますが、「倒産するかもしれないし、死んだ後のことは保証がないから信用できない」と考えています。

Kさんの夫は、親や自分の墓について、まだ何も考えていないそうです。

「主人は呑気だからね。母親と墓の話もしない。でもこういうことって元気なうちしか話せないよね」

Kさん自身の葬式や墓について希望は？

「強いていえば華美なことはしたくないってことくらい。主人の実家の墓があるからそこでいい、合理的に決めたいわね。まあ、骨なんてどうでもいいわ。雑草の肥料になってもいいし、海に全然興味ないけど海に撒いてもらって、出汁でも栄養にでもしてもらってもいいし、どうでもいい」

「動物を墓に入れたらいけないって誰が決めたの？」

Kさんにとっての家族は「主人とブンちゃん！」です。

「ブンちゃんが一番大事。別格よね。お墓もブンちゃんと一緒に入りたい！　でも主人の母の前ではそんなこと言えない」

義母は、かわいがっていた猫が亡くなったときに、実家の墓の近くにある動物霊園に入れたのだそうです。

「お義母さんはそっちに猫ちゃんを入れちゃったのね。だからブンちゃんだけ実家の墓に入れたいなんて、お義母さんが生きている間は絶対言い出せない」

義母は5年前にガンが見つかって、現在も闘病中です。

「もしお義母さんが亡くなったら、主人の実家のお墓に入れて、その後でブンちゃんも入れて、私もそこに入りたいわ。お寺さんにダメって言われても、自分でそっと入れちゃうかも」

Kさんは人間とペットが一緒にお墓に入れないことを疑問に思っています。

「動物を入れたらいけないって誰が決めたの？　それは動物霊園をつくって新しく経営しようとする、霊園側の営利目的だと感じるのよ。宗教上の理由っていうけれど、日本人ってキリスト教のクリスマスを祝ったり、神社に初詣に行ったり、いろいろな宗教をつまんでるじゃない。時代は変わったんだからさ、動物も大切な家族でしょう？」

少子化で後継世代が減っている中、昔ながらの墓の管理や墓参りは大変だから、室内納骨堂が便利でいいと合理的な考えのKさん。葬式や墓の形式にこだわりはありませんが、愛犬と同じお墓に入りたいというのが願いです。最近、民間霊園や墓地などでは、ペットと一緒に入れる墓が増えてきましたが、全国区で考えるとまだまだ少数です。

CASE 12

「自分が死んだら、甥に頼むかもしれない」

Lさん（40代女性・会社員）

プロフィール
40代／会社員／徳島県出身／東京都在住

会社員のLさんは徳島県出身。４人きょうだいの長女で、下に弟が3人います。両親は離婚していますが健在で、父の家の隣の敷地には2番目の弟が家を建てて近居し、母は3番目の弟と2世帯で同居。実家の家族はみんな近所に住んでいます。Lさんは自営業の夫と東京で暮らしています。

「メンバーが揃ってるので実家の墓の心配はしてない」

Lさんの実家の墓は、家の敷地にある山に建っています。Lさんの父は6人兄弟の三男。兄2人がすでに亡くなっていて、下に妹が2人と、同じ敷地内に住む末の弟がいます。

「お父さん側の先祖代々の墓は家の敷地内にあるから、帰省すれば手を合わせる。草むしりはお父さんと、末っ子の叔父さんでやってくれている」

土地の名義はLさんの父で、叔父も同じ敷地内に住んでいます。

「敷地の地図みたいなものを見たことあるけど、広大すぎてよくわからなかった。敷地内といっても、家が隣接してるわけじゃないんだよ。東京の人からしたら想像つかないと思う」

Lさんの父は67歳、母は62歳。2人とも元気なので、まだ墓については話題になったこともありません。

「父が死んだら、先祖代々の墓以外の選択肢はないだろうね。暗黙の了解というか。うちのほうは土葬ができる地域だから、その可能性もありだね。いちいち、希望なんて親には聞かないと思う。火葬でも土葬でも、家の敷地内の墓に入ると思う」

Lさんの母は香川の出身です。

「お母さんには聞いたことないけど、何かあったら同居している3番目の弟がやると思う。実家の墓のことはこれだけメンバーが揃ってるし、問題はないんだよね」

Lさんの一番上の弟（長男）は、3姉妹の末娘と結婚しました。その家は姉2人が結婚して家を出たので、Lさんの弟が婿養子になっています。

「そこの家は事業をやっているんだけど、仕事のためじゃなくて〝家〟を継ぐために婿入りしたの。田舎は苗字を絶やさないことが大事。だから苗字を変えずに家業だけ手伝うのはダメで、家を継ぐってことは、苗字も墓も会社も全部継ぐことだと思う」

「親孝行で母に墓を買ってあげた夫」

Lさんの夫の実家は東京にあり、夫の父は健在ですが、母はすでに亡くなっています。

「主人の母の墓は、私とまだ交際する前に、主人が貯金で買ってあげたの。お義母さんには信仰する宗派があったから、生前お世話になった都内の寺院墓地に親孝行だと言って墓を建てたの」

義母の意思ではなく「生前何もしてあげられなかったから」と、かなり高額な墓を夫が自分で決めたのだそうです。

「これがきっかけで主人は『死んでからでは遅い』って、お義父さんには高級車を買ってあげたり、毎日実家に顔を出すようにしている。2回の親孝行でうちにはもうお金がないよね」

夫の父が亡くなったときは、義母と同じ墓に入れるつもりだといいます。

Lさん夫婦の間には子どもがいません。

「墓のために子どもをつくるっていうのも変だからね。子どもがこのままいなければ、貯金をはたいて買ったけど、墓じまいすることになるね」

夫は「俺はこの墓には入れないな」といつも言っているそうです。義母に買った寺院の墓は、ペットと一緒に入れないからです。

「かわいがっていた猫のシロちゃんが数年前に死んじゃったの。主人は『シロちゃんと一緒の墓に入りたい』って言ってる」

　今はシロちゃんの骨壺を家に置いて、いつも話しかけているのだそうです。

「主人はさ、『俺は早死にすると思う』っていつも言っていて、自分が最後になるなんて思ってないんだよね。猫のことしか心配してない」

「東京の墓に入ったら親戚に管理を頼めない」

　最終的に子どもができなくて、夫に先立たれて1人になったら、「意識的に甥っ子たちとの親戚づきあいを密にしていくかも」とLさんはいいます。自分の死後の処理を、頼むかもしれないと漠然と考えているからです。

　甥っ子というのは、Lさんの2番目の弟の息子のこと。実家の敷地内の墓に、「入っていいよって感じだったら入れてもらう。寺の墓じゃないし、いいよね。実家の敷地は広いから、『私の墓をつくってよ』っていうかもしれない」

　次男の子どもが付き合いにくそうだったら、母と同居している三男のところの甥や姪と親しくするといいます。

「付き合いやすくて、頼みやすい子に頼むってことになるかもね」

夫と一緒の墓でもいいけれど、東京で墓に入ることになったら、徳島の親戚には管理を頼めません。

「田舎の人に、東京でいろいろやれとは言えない。いずれにしても、ヨボヨボになったら甥っ子たちに相談するかも。そのときに嫌がるそぶりを見せたら、死後処理サービスとかにお金を払って頼むのもありだとは思う。この時代、1人で残った人の処理を頼める団体が必要だよね。行政とかでやってくれるといいね。死後の希望は特になくて、共同墓でもいいいから、墓には入りたいな、くらいかな」

Lさんの父も、Lさん自身も兄弟が多く、先祖代々の墓の管理をするメンバーは足りているという、少子化や核家族化が進む現代においては、ある意味、恵まれたケースかもしれません。

墓も、徳島の実家敷地内の墓、夫と一緒の墓、共同墓という選択肢があります。Lさんには子どもがいませんが、弟たちのところに甥と姪がいるので、亡くなった後を頼りにするかもしれないと、漠然と考えています。

インタビューのまとめ

アンケートの結果や、インタビューを読んで「私とまったく同じだ」と思う話もあれば、「私とは全然違うな」と思った話もあったのではないでしょうか。墓についても、家族についても、本当に人によってさまざまで、私自身も、「これは私の話なのではないか？」と思わず錯覚してしまうようなエピソードが、インタビューの中にいくつも見られました。

まずは、12人のインタビュー内容の中から、共通点や相違点、そしてアンケート調査との関連について、振り返ってみたいと思います。

誰を家族だと思うか

Aさんは、知人を亡くしていますが、何年も会っておらず、SNSで回ってきたその知らせは、自分のことについて振り返らせるほどの影響力はありませんでした。

SNSが普及したことで、付き合いのなくなった人の近況を知る機会が格段に多くなっているし、逆に、親しいようで、お互いの素性を知らないままインターネット上だけで交流している場合もあるでしょう。知人の定義や境目が曖昧になっているとも考えられます。

Aさん、Bさん、Cさんは、みんな子ども世代の男性です。女性に比べて墓を維持管理しなくてはならないという意識はぼんやりしていて、「仕方ないからやる」という雰囲気が伝わってきます。特にAさんとBさんは、墓が地方にあるなど環境が似ているためか、地方独特の親戚付き合いの、重たい空気を嫌がっていることが共通していました。

また、Bさんは離婚や再婚が家族と墓の問題を複雑にすることを示してくれました。

Cさんは現代では珍しく、家を継ぐために自分の子どもが制度上、祖母の養子になっていますし、Dさんは実現こそしなかったけれど、他人を養子にして家を継ぐことを検討していました。イエ制度がなくなったのに、たった12人のインタビューの中にいまだに2人もいたことが印象的でした。

Dさんについては、墓に対する考えも、家族の形も、高度経済成長期の家族のように思えました。

Eさんは「家族というと、元恋人とその両親」と答えています。第1章に書いた通り、誰を家族だと思うかの定義が主観的になっていて、血のつながりや役割、形がなくても「私が家族だと思えば家族」であることを体現するケースだといえるでしょう。

「住む場所」という問題も

Aさん、Bさん、Kさん、Lさんは、ペットも大切な家族で、弔いも人間同様に行いたい（あるいは弔った）と熱く語られている点が共通していました。一方、Iさんはペットを大切にしているけれど、墓については人間とは別だと考えていました。

Dさん、Eさん、Fさんは女性で、男の兄弟はいません。子どもの有無にかかわらず、3人とも墓じまいについて口にしています。小さいときから「女の子だけの家庭だから」というアイデンティティを刷り込まれているように思えたほど、3人とも判で押したように「うちは姉妹2人だから」と何度もおっしゃっていたのが印象的です。

Gさんは、子どもがいない義兄弟の死後の処理を、自分の子どもが背負うことになるのではと、心配しています。Eさんも子供がいない姉夫婦の死後について語ってくれました。それに対して、子どものいないFさん、Kさん、Lさんは、死後に甥や姪の世話になることも考えている、とコメントしています。また、Gさんは居住地と墓の地域的問題について語ってくれたこともポイントです。

Iさんは、結婚後も生家の近くに住み、生家の墓を守りたいと語っていました。本書では掲載を割愛しましたが、Eさんも実家の近くに住み、実家のサポートを続けています。私はお2人と年代も同じことから、インタビュー内容は大変共感することが多くありました。62ページにまとめたように、30〜40代の6割の人が親と同居や近居が望ましいと回答している点とも合致します。

Gさんが語る居住地の問題については、田渕六郎・中里英樹（2004）によれば、子どもが高学歴の場合、教育を受けるための地理移動の可能性が高まるとし、宍戸（2008）の調査においても、子どもが大卒の場合は、親と別居している傾向がみられるとしています。

通勤や通学の便や家を買う予算の都合などで、そのときにいいと思って買った家でも、昔のようにそこに住み続けるとは限らないのです。転勤や進学・留学などさまざまな変化の可能性があり、子どもが将来どこに暮らすのかもわかりません。このような状況で、家を拠点とした土地に建てる従来型の墓は、継承が難しい人が増えていくのも当然だと考えられます。

HさんJさんは、親世代です。2人とも、「自分らしい終活」の希望はなく、子どもたちが困らないように、迷惑を最小限にとどめたいための行動をしていました。子を思う親心が話の端々から伝わってきました。マスコミがはやし立てる商業的な終活は本当に親世代に支持されているのでしょうか。シニアマーケティング（老人向けのビジネス）が悪いわけではありませんが、Hさんが経験した詐欺のようなことも散見されますので、気がかりです。

インタビューでその他に印象に残ったことは、回答者の親で、継承を前提としない新しいタイプの墓を選ぶことを望んでいる人は一人もいなかったことです。親の自己完結は、かえって子ども世代には負担が生じることもあるので、それを不安に思ったり、話し合いをしたいと望んでいることが感じられました。

また「散骨」について。その存在は知ってはいましたが、積極的に支持をする人はいませんでした。ただ、配偶者や子どもがいない、家族に負担をかけたくないなどの理由で、継承を必要としない墓や散骨など、新しい墓の形を検討する人が今後は増えていくことが予想されます。

多様な意識

これらを踏まえた上で、この章全体を振り返ってみたいと思います。

アンケート（量的調査）とインタビュー（質的調査）を併せて見たときに、私が興味深いと思ったことは2つ。1つ目は「子どもの有無で、家族や死への意識に見事な差がある点」、2つ目は「多様な女性の意識」です。

私は男女、未婚と既婚、子どもの有無で「死への意識」に差があるのではないかと仮定して、t検定（119ページ）を行い、男女の意識差を確認しました。

インタビューの中で、子どもがいる女性は、子どものいない兄弟親戚の面倒を自分の子どもが背負うのではないかと心配しており、子どものいない女性は、甥や姪に面倒をみてもらう可能性を考えていました。考え方が見事に正反対でした。

やはり、家族の中でも特に、女性の変化が大きいことは否めません。

本書では詳しく述べていませんが、アンケート（量的調査）では、ややドライな意識がうかがえたのですが、インタビューした方々、特に女性は、家や家族に対し、気配りの思いを強く持っていたと感じました。

その気配りは、決して窮屈な家意識や婚家への遠慮からではなく、親や子ども、親類縁者、全方向へ目を配り、最善の対処をしたいという前向きな思いを感じました。かつてあった規範や、世間体を気にしてそうするのではなく、そこには大切な人、家族への愛情や思いやりが存在しているように感じました。

しかし、「イエ意識」が完全に人々の意識や慣例から消えたかといえば、そうではありません。家業や、家の財産状況によっては現代においても子による継承を必要とする場合もあり、血縁以外からの養子について検討する家庭も見られました。
本章は少し長くなりました。本書全体の振り返りを次章で見ていきましょう。

最終章

家族もお墓もいろいろあっていい

家族は「社会を構成する最小単位」という言い方をします。

社会の変化は、テクノロジーの進化、ファッションや流行語などの世相を通して語られることも多いのですが、最小の単位として身近すぎるからなのか、家族のあり方は普段、あまり意識されていないように感じます。

多くの人にとって、家族は「いつもそこにあるもの」であり、それは当然の感覚でしょう。となると「いつもそこにあるものが欠けたとき」が、家族のあり方、そこに潜む問題が顕在化し、意識されるきっかけになるのかもしれません。「いつもそこにあるものが欠けたとき」、つまり「家族の死」であり、そこから続く「弔い＝墓」という葬送の流れです。

そこにいるのが当たり前だった家族の一人が、死によって欠ける。ぽっかり空いたすき間を、いろいろな意味で埋めるのが葬送の儀式、そして墓です。そんなふうに、日本人の葬送、墓に対する意識をまとめた本は、何人かの研究者が残しています。

逆に、「墓→家族の死→家族像」として見ることで、今まであまりない視点から「現代の家族像考察」ができるのではないか。そう考えたのが、本書に向き合う、私のそもそものきっかけでした。

父の死によって生じた家族の変化

ここで、私の体験を少しお話しさせていただきます。

私の父は7年前、60歳を目前にして亡くなりました。家族は専業主婦の母、私、4歳年下の弟、大型犬が3匹。父の生前、父と母の関係はお世辞にも良好とはいえないものでした。また私と父は、よくある父と娘の不仲がエスカレートした状態でした。

ある日、父から癌だと知らされたのですが、「初期だから治療できる」と本人は少し楽観視していました。ところが、1年も経たずに呆気なく他界してしまったのです。

亡くなった後、葬儀関係を取り仕切ったのは弟でした。「私も一緒にやる」と申し出たのですが、母と弟で対処する、と。最初は、仕事が忙しかった私に配慮してくれたのだと思ったのですが、その後、「長男や長男の嫁の立場を邪魔しないように」と、弟から言われました。

それまで、私の中では弟は「弟」であり、きっと母もそう思っていたはずです。その弟から、「長男」「長男の嫁」といった言葉が出てきたことにまず驚きました。私の実家は、父親がサラリーマンだったため、誰が家を継ぐかという話もなく、現代的でさっぱりした、友達のような関係の家族だと思っていました。本人の結婚、そして父の死を経験したことで、弟の意識が少しずつ変わっていたのかもしれません。

父の死後、私と弟の関係がぎくしゃくしはじめたころ、以前は私と仲の良かった母が、何かにつけ弟を支持するようになりました。理由を尋ねると、「これから生きていくには、弟夫婦の世話になることもあるから、気を使っている」。

当時、私には婚約者がいましたが、まだ入籍はしていませんでした。母に「私を頼ってほしい」と言うと、「これからお嫁に行くあなたは、相手の家のことがあるから、こちらの家の面倒はみていられないでしょう」。

私は納得できません。すると母は「娘はいずれ嫁に行く。嫁はうちの子にあらず」と言ったのです。これには大きなショックを受け、母親ではなく別の家の人と話しているような感覚でした。

女性の社会進出が進み、生き方も多様化しているといわれています。しかし、母と同世代の女性には、「長男が親の面倒をみる」「娘は嫁に行き、よその家の家族になる」という考えに共感する人も多いのではないでしょうか。特に母は、転勤族の妻として、全国を転々として過ごし、運転免許はもちろん携帯電話も持っていません。メールはもちろんパソコンすら使えないのです。

夫婦仲が良くなかったとはいえ、夫を失い、専業主婦として家族を支えながら、一方で家族に頼って生きてきた母は、父の死後、「この先どうしていいのかわからない」状態だったのでしょう。不安に襲われ、長男を頼るしか想像できなかったのだ、と今は理解することもできますが、当時は私も冷静ではいられませんでした。その後、今度は母と弟が揉めた時期もあり、ぎすぎすとした時期がしばらく続きました。

状況が変わったのは、私と夫の入籍です。実家での揉め事を見ていた夫が、「お義母さんの幸せを願っているのに喧嘩してしまうのはもったいない。世間の常識ではなく、お義母さんの意思を優先してあげればいい」と助言してくれました。それを母に伝えると、心が落ち着いたようでしたし、私は夫に対して感謝の気持ちでいっぱいになりました。

夫の実家や親族は、私に本当によくしてくれます。結婚すると、義理の親、親族との間でいろいろな面倒が絶えないという話をよく聞きますが、それは人それぞれ。たとえ血のつながりがなくても、思いやりでつながることができていれば、少々の問題が起きても穏やかに話せるものです。お互いを尊重し、譲り合って最善の策を見つけられる。夫と結婚してそう気づくことができました。

家族や墓の歴史を学んだ今だから言えるのですが、私の場合、「家族の形」の揺らぎが同じ時期に重なってしまったのが、関係をぎくしゃくさせてしまった原因だったと思います。誰も予想していなかった、早すぎる父の死。弟は結婚したばかりで、私にも婚約者がいました。弟には、お嫁さんやその両親を大切にしたいという思いがあり、実家の問題が心の重荷になっていたのかもしれません。

結婚を機に弟は実家を出て、別に暮らし始めていました。私もいずれはお嫁に行く。そんな状況で父が急死したのですから、家族がみんないなくなり、自分だけが取り残されるような気がして、母は心細かったのだと思います。みんなが不安だったのだと思います。

父の死から7年。一時はばらばらになるかと思えた家族も、ゆっくり変化しています。私にも弟にも子どもができ、その子たちには従妹として仲良くしてもらいたい。弟とも以前のように自然な会話ができるようになっているので、それぞれの家族のためにも、これからも穏やかに付き合っていきたいと思っています。

お墓は誰のためのものか？

第1章で記したように、日本の社会での家族のあり方は時代とともに変わってきました。明治期に形成された「イエ」制度の名残は薄れる一方、私たちはまだ、新しい家族の形を発見できていないのだと思います。私の実家が経験したような不安、戸惑いは、決して珍しいものではないはずです。

私はシンガーソングライターの槇原敬之さんが好きで、学生のころに「北風〜君にとどきますように〜」という歌が流行りました。まったく関係のない話に思えるかもしれませんが、実は、槇原さんを好きな理由の一つが、犬を含んだ「家族」を歌った曲が多いこと。

この曲も、学生のころはラブソングだと思って聴いていましたが、あらためて聴くと、やはり家族への思いが表現されていると感じます。

誰かを愛したその時から
家族の意味さえかわってしまう

ある家族の中で生まれ、かわいがられて育った子どもが大人になり、目の前に愛する人があらわれた。今までは、一番大切だったし、大切にされていたのは家族だったのに、もっと大切にしたい人があらわれた。だから家族の意味が変わる……。そういう意味だと受け止めています（あくまでも私の解釈ですが）。

私の実家は、父の死をきっかけに家族の形が大きく変わりました。では、お墓はどうでしょうか。父の墓は民間霊園にあります。自宅からは、車なら時間はかからないけれど、徒歩や自転車ではいけない距離。「家族のお墓」について全員で話し合う機会がなかった私たちに、そんな墓が必要だったのかと、以前は思っていました。

でも、宗教にも関心がない家族だったため、いきなりお寺の檀家になるのはハードルが高く、母と弟が民間霊園を選択したのも納得できます。葬儀にまつわる各種手続きは、死後、待ったなしで、それこそ怒濤の勢いで進めなければいけないため、あっという間に終わってしまい、記憶はどんどん薄れていく。けれど、墓はずっとそこにあります。

父の命日が近づいたり、お盆やお彼岸の墓参りがニュースなどで取り上げられたりすると、やはりいろいろなことを思い出します。

楽しい思い出があれば、反省の意味を込めて、辛かった時期のことも。墓は故人を偲ぶだけではなく、家族が過ごした時間、いろいろな出来事を追慕する用途もあるのではないか。父の墓を前に、そんなことを考えるようにもなりました。

そこから生まれた疑問が「墓は誰のためのものか」です。

年齢順に親から旅立ったとして、弔われる親のものなのか。それとも、弔う子どものものなのか。これについては、小谷（2015）も、著書で同じことを問題提起していました。結局はここに行きつくのだと思います。

私なりの答えは、家族ごとの姿があらわれる「モニュメント」です。

第3章のインタビュー（質的調査）を通して、家族の形がいろいろであると同時に、そこに描かれる墓のあり様もさまざまであることがわかりました。「モニュメント」なのですから、向き合う一人ひとりが、自分のやり方で折り合いをつければいいのだと思います。

第3章のアンケート（量的調査）の結果でもふれましたが、墓について考えるとき、それが「親の墓」なのか「自分の墓」なのかで意識は異なります。私が、私の親の墓について思うことと、自分の墓について思うことは同じではありません。つまり、親子が死や墓について話し合うとき、同じものを見ているようでいて、実は視点が違うのです。

私自身そうでしたが、当事者になると忘れがちです。渦中において冷静でいることが難しい場合もあります。それが行き違いを生む原因の一つかもしれません。

親子仲がいいと思っていても、世代間のギャップから、墓に対しては意見が異なることもあります。私の親世代は戦中〜復興期の生まれで、社会が大きく変わりゆく中で育ちました。その子ども世代には、いわゆる「ゆとり世代」も含まれ、マクロ的に見ても世代間ギャップは大きいでしょう。さらに、一人ひとり異なるバックグラウンドを持つのですから、墓に対する意識も、「家族だから」とひとくくりにはできないはずです。

親と子で意識が異なるように、兄弟でも、生活スタイルの多様化、さらに第2章でふれたように各種格差の広がりが定着しているため、墓に対する意識を一つの枠に収めるのは無理があると思います。

父の死をきっかけに、私たち家族はぎくしゃくしてしまいましたが、第3章のインタビューでも「具体的に揉めているわけではないけれど、意見が合わないと感じている」「こじらせないように我慢している」という声がありました。

子どものころは仲の良い兄弟姉妹でも、40代、50代になれば家から独立しているでしょうし、経済状況もそれぞれです。実家のこと、親の墓について同じ意見を持っているとは限りません。

全員が納得できる形がすぐに見つかればいいけれど、スムーズにいかなくても「どうして?」「なんで?」と、「家族だから同じ考えのはず」ではなく、「考え方が違うのが当然」

を前提にする。そして、お互いの置かれる状況、考えを理解するところから始めたほうがいいと思います。

高度経済成長期の「家族」意識を引きずっている私たち

第3章のインタビュー（質的調査）を通じて、親も子どもも、高度経済成長期のころの意識で生活している家族がたくさんある現状もうかがえました。また特に親世代には、葬送に関することに限らず、生活そのものが変わっていない、というケースもあります。「標準家族」という、国がつくった家族の形こそが理想であり、みんながそれに向かって頑張ったから、日本は経済成長を遂げた。そういう意識が今も強く刷り込まれているため、社会のいろいろなところで「個」が重視される時代になっても、「標準家族幻想」から抜け出せないのかもしれません。

「家族とは何か？」に対する定型的な答えとして「標準家族」が用意された時代は過ぎたものの、その後に続くモデルケースが見つけられず、混沌としているのが現在。そんな時代に、土地に紐づいた従来型の墓（＝家族の象徴）を守ることは簡単ではありません。

もちろん、守っていける人、守っていける家族は、従来通りのやり方を続ければいいと思います。ただ、故人を思う気持ちがあれば、「守らなくちゃいけない」「残さなくちゃいけない」など、それを義務にする必要はないという認識を、社会で共有してもいいのではないでしょうか。

陳腐な言い方かもしれませんが、互いに尊重し合うこと。思いやること。第3章のインタビューを通じて、この2つを強く感じました。後継家族がいないので、自分は好き勝手にやる！　といっても、人間、誰かの手を借りなければ、死んだ後に火葬されて、遺骨にはなれないのです。どのような状況に置かれても、独りよがりにならず、自分とそのまわりの人々を思いやる気持ちを忘れてはいけないと思います。

第1章で、今後の家族の形は「親密圏」がキーになる、としました。筒井淳也（2016）は著書の中で、「親密性」について「特別扱いの世界」と表現しています。今、生きている中で子ども、配偶者を特別扱いしたい人がいれば、亡くなった親を特別扱いしたい人もいる。誰を最優先するかは、人それぞれです。

この特別扱いしたい気持ちが、「家族」である所以、ではないでしょうか。

医学的には心停止、または脳死を人間の死と判断しますが、心情的な部分では違います。人間の本当の死。それは、その人のことを思い出してもらえなくなったとき、かもしれません。逆にいえば、その人のことを思う誰かがいる限り、その誰かの中では生き続け、親密な存在であり続けられるのだと思います。

お墓と家族をめぐるこれからの課題

「無縁者」が増える

今回、12名の方にインタビューを行い、とらえきれなかったと感じる部分、想像以上に大きな部分が、それぞれありました。今後の課題として強調しておきたいと思います。

とらえきれなかった部分は、いわゆる「無縁者」について。墓の承継はもとより、終末期から家族との接点がない、または家族を持たない無縁者には巡り合えず、インタビューができず、看取りや死後の手続き等の課題に直面している声は聞けませんでした。

今はまだなんとか、墓や看取りの問題について、さまざまな事情はあるにせよ、家族・親族の間で内包しているともいえます。ただ、高齢化社会から多死社会へ移行する状況をふまえれば、そう遠くない将来、後継家族がいない人々の割合がぐっと増えることは予想されます。また家族がいても、墓の維持管理が難しくなっていくことも。

葬送儀式は家族の問題、つまり私的領域である。こうした意識が根強く残っている一方で、社会の課題として顕在化する日は間違いなくやってきます。孤独死、独居老人などマスコミによるセンセーショナルな扱いだけでなく、これからの時代の家族像をとらえる意味でも、社会全体による何らかのアクションが必要になるのではないでしょうか。

ペットの墓をどうするか

現代の家族像をとらえるとき、想像以上に大きなファクターとして浮かび上がったのがペットでした。各種調査をみても、今回のインタビューを見ても、ペットの墓についての人々の意識が、以前とは比較にならないほど高まっていることは明らかです。私も動物が好きなので、この問題は大変興味深いです。子ども同様、人によってはそれ以上に愛情を注ぎ、「ペットは家族の一員」という認識は、もはや「社会通念」として受け入れられている、といえます。

一般社団法人ペットフード協会の調べによると、平成29年度の全国犬猫推計飼育頭数は約1844万頭（調査対象は20～79歳）。人間の子どもの数よりも多くなっています。80歳以上の高齢者による飼育、また犬猫以外の飼育を加えれば、この数字はもっと増えていく。いつまでも子どものようなペットの死は、飼い主にとって、家族の死と同様に辛いものです。

にもかかわらず、法律上のペットは「物」の位置付けであり、死後は「ゴミ」として扱われている。数が増え、ペットを家族の一員としてとらえる人が増えている状況を踏まえると、現在の対応はあまりにもお粗末ではないでしょうか。

飼い主にとっては、人の死を悼む気持ちと同じであるのに、ペットの死後については社会的な整備がされていません。飼い主の気持ちに付け込んだ、犯罪や詐欺まがいのトラブルが社会問題として取り上げられるケースもあります。ペットの墓についても、現代の家族のあり方のフレームの中で、研究・調査される必要があると思います。

終活詐欺

葬送に関するトラブルは、ペット絡みだけではありません。筆者はインタビューを通じて、実際の「終活詐欺」に遭遇しました。

お話を伺ったHさんは、自分の死後「子どもにできるだけ迷惑をかけたくない」という思いから、ある葬送サービスに加入していました。お話を伺う中で、これは詐欺であることに気づいた私は、消費者センターや弁護士無料相談などを手配。詐欺被害を最小限に食い止め、一部費用を回収できました。

強く印象に残ったのは、「娘にはこんなこと言えない。手続きを手伝ってくれて助かりました」というお礼の言葉です。年老いた親が持つ、子どもに迷惑をかけたくない、という思いに付け込む詐欺に直面し、「まさか」と驚きを隠せませんでした。ブーム的に取り上げられる終活の陰で、詐欺まがいのサービスの犠牲になっているとも気づかず、子どものためにと行動する老親がいることを思うと、胸が痛みます。

一部の自治体では、エンディングサポート（相談、後継人、看取り、仕事の処理、財産整理といった一連のサポート）を行政、または行政とNPO、弁護士などが協同で行ってはいますが、広がりは限定的です。核家族の先の「個人化」の負の側面として、あえてここで紹介しておきます。

核家族化から個人化へ。家族の形が変わるのと比例して、民間墓地に比べ安価な公営墓地が注目されるようにもなっています。近年人気なのは、区画も継承も前提としない共同墓や納骨堂。ただ、都立霊園などは生前申し込みの共同墓が30倍近い倍率で、望めば誰しもが利用できる状況ではありません。

しかも、細かい規約を老人が一人でそれを理解し、申し込みができるのか、という不安もあります。安価な施設であっても、結局は身寄りがない人の死後、誰が火葬し、墓地へ遺骨を持っていくのか、という課題が残ります。

墓地に墓を建立し、それを守る家族がいても、利用料の支払いが数年滞ると墓は改修され、遺骨は合葬されます。この場合、親族への支払いの依頼などの手間に公費があてられることになります。どういう状況を想定しても、多死社会に向かう現在の状況では、公費のひっ迫が社会問題になるのは避けられそうにありません。

死はすべての人に等しく訪れます。

どんな家族形態、経済状況であっても、それは避けられません。家族のあり方も、墓をめぐる環境も以前とは変わってきているのですから、「それぞれの家族の問題」ではなく、家族を含め、広く社会福祉の視点からのエンディングサポートの仕組みが構築されることを期待したいと思います。

墓越しに見える私の家族

では最後に、墓越しに見える私の家族の現在について。

実家の墓についてですが、ここ数年、母は父の墓参りには行っていません。母に聞いたところ「墓参りに意味があるのか？　心の中で思えばいいことじゃないの？」。もちろん掃除をしてあげたいなどの思いはありますが、盆や彼岸など「墓参りの時期だから行く」ことには、意味を見出していないようです。

私はというと、子どもが生まれる前は、時間が空いたときにちょくちょく父の墓に行っていました。正直なところ、私自身も「お墓参りの時期だから行く」ことに意味はないと思っています。強いて言うなら、父と久々に話すために行く、という感じでした。

亡くなった後に思い出す、本当は大好きだった父との記憶は、どれもいい思い出ばかりです。どれだけ大切に育ててもらい、かわいがってもらっていたか。自分も親になった今ならよくわかります。今までも漠然とはわかっているつもりでしたが、子育ての大変さが身にしみてわかる今、心の底から両親に感謝するようになりました。

父の死後、自分の生き方や考え方が変わったように思います。何事につけ、特に家族のことについて「もう後悔したくない」という気持ちが強くなりました。

当時は結婚前だったので、まずは母と愛犬を大事にしたい。これが第一。今でも、母とごくたまに小さな喧嘩をすることもありますが、すぐ仲直りをするように心がけています。「もしかしたら、もう仲直りできないかもしれない」と思うから。家族に対して「一日一日、後悔のないように接しよう」。これが正直な気持ちです。

父のお墓の前に着いたら、まず「パパ〜来たよ〜」と墓に向かって話しかけ、掃除をしてお花を供えます。帰りに必ず実家に寄るのですが、実家に着いたらまず仏壇の父の写真に向かって「パパ〜ただいま〜」と声をかけるのです。

自然にそうしていたのですが、気が付くと「あれ？　父（の魂？）は私と一緒に墓から仏壇に移動しているってこと？」と思わず笑ってしまいました。書名は失念しましたが、まったく同じことを著書に書いている人がいました。

会いたいときに会いに行く。これが私の墓参りのスタイルです。

実家の仏壇はとても賑やかです。父の位牌だけでなく、過去に飼っていた6匹の犬の写真や骨壺も一緒に並んでいるからです。父も犬も大切な家族であり、そこに分け隔てはありません。それぞれの命日に誕生日など、仏壇にはそれぞれの好物やお花を供えます。そうやって、何かにつけて父のことも犬のことも話題にします。

父と犬たちは今も変わらず家族です。だから墓参りをするとか、しないとか、お盆やお彼岸などの法事を行うことが重要なのではありません。毎日の暮らしの中で、普通に思い出して、会話にも登場させること。これが私にとって、一番納得できる亡くなった家族との付き合い方なのです。

夫の家の先祖代々の墓は田舎の山奥にあり、毎年、掃除に行きます。墓や墓参りそのものには意味を見出せない私ですが、夫の実家の墓は大切にしたいと考えています。子どものことをすごくかわいがってくれて、私にもよくしてくれる義父が大事にしていることは、墓を含めてきちんとフォローしたいのです。東京とは違う人間関係や、世間体もあると思うので、義父の考える常識に自分も添いたいと思っています。

以前の私なら、慣れない田舎のしきたりみたいなものから逃げ出したい気持ちでいっぱいだったかもしれません。でも今は、家族の問題に一つひとつ向き合っていこう。前向きな気持ちでいることができています。

まだ20代のころ、「親のために結婚式を挙げる」と話す友人がいて、当時は「結婚は自分たちがするものなのにどうして?」と疑問に思っていました。今になってようやく、彼女が言っていたことの意味を理解しました。

親の世代には「子どもには立派な結婚式を挙げさせてやりたい」とか、「お墓は次の世代が大切に守っていくものだ」とか、その世代、その家族なりの価値観があります。それを自分の価値観だけでとらえ、「そんなこと今どきやらない」などと切り捨てず、できるところは尊重する。親世代の気持ちに寄り添うことが、家族といい関係でいるために必要なのだとわかったのです。

墓を重要視している夫の親とは、お盆やお彼岸には一緒に墓参りに行き、墓前に手を合わせます。墓の形にこだわっていない実家では、お話ししたように、私なりのスタイルで亡くなった父や愛犬たちを弔う。「家族だから」とか「こうあらねば」ではなく、それぞれに心地よい付き合い方をすればいい。そんな考えに辿り着きました。

父の死や墓が発端となった家族との揉めごとを経験して、自分はこの状況をどう受け止めればいいのか。どう考え、行動すればよかったのか。そもそも家族とは何なのかを知りたくなった私は、この問題に学問的に向きあってみようと思い、大学院へ進学しました。墓や家族の歴史について書かれたさまざまな文献を読み、調査をしたことで自分の考えが整理できたため、以前のように「墓や家族が重荷」という意識はまったくなくなっています。

その後、私は出産して「家族の変化」を経験しました。初めての子育ては大変なことも多いのですが、何か問題が起こっても家族で共有して話し合うこと。そして、家族に対しては思いやり、礼節を持って接することを自分自身の「心構え」として決めていたので、気持ちが揺らいだり、家族と揉めたりすることはありません。

家族というのは、ずっと同じ形、同じメンバーではいられません。自分自身や他の家族の独立、結婚、妊娠や出産、あるいは離婚や死など、人生のステージに応じてさまざまに変化していきます。家族とどう向き合うか。その時々に合わせて、自分の中に心構えができていれば変化に対処していけるし、何か問題が起こったときも、乗り越えることができます。

本書を手にしてくださっている方の中には、家族との軋轢を抱えて悩んでいる方もいるかもしれません。相手が亡くなってからでは、自分の本音を、感謝の気持ちを直接伝えることはできません。どうか、大切な家族が生きているうちに、付き合い方を考えてみてほしいと願っています。

将来、自分が死ぬときのことは、まだわかりません。でも、そのときに関わる家族にとって最善の形が見出せるよう、話し合える仲でいたい。家族に対して思いやりと礼節をもって接することだけは、ずっと忘れないようにしたいと思います。

おわりに

子どもができると、以前と同じ道を歩いていても、まったく違う景色に映ることがあります。一人のときは何とも思わなかった道路のちょっとした傾斜も、バギーを押しながらではヒヤヒヤで、車椅子の方ならもっと怖いのだろうと思ってしまいます。駅のホームと電車との隙間も、以前はひょいと越えていたのに、子どもが一緒だと恐怖すら感じました。

人間、置かれる立場、状況が変わると、ものの見方や感じ方がこんなにまで違うものなのか。頭では理解していたつもりですが、子どもができたことで「自分の問題」として体験すると、それは驚きの連続でもあります。

また、新しい視座の獲得は私の好奇心を掻き立ててもくれました。

家族、墓についても、以前とは違う視点から見られるようになり、それが本書のモチベーションになりました。

母親になって家族、墓について考えていると「これは親戚やママ友との付き合い方、きっとPTA問題にも通じる部分もあるのではないか」と感じることがありました。以前の私にはまったくなかった感覚です。それを友人・知人に話すと、「そうそう！」と共感する人、「ピンと来ない」と首を傾げる人、さまざまな反応があります。

共感してくれたのは、やはり同じように子どもを持つ女性が多く、首を傾げるのは男性が多かったと思いますが、たとえ同世代でもまったく別の感想が聞かれるところが、家族問題の難しさであり、おもしろさなのだと思います。

本書では、家族にアプローチする視点として「墓」を重視していますが、これも、立場が変われば見方が変わるもの。思惑、場合によっては利害が相反するため、いくら「家族だから」といっても、簡単にまとまらないケースがあるのも当然です。

同じ人であっても、置かれる状況の変化で意識は変わります。

第3章に掲載したインタビューは数年前に行ったものですが、Gさんは当時、「ここはマイホームを買うためだけに選んだ町。老後は都内に戻りたい」と語っていました。その後、下のお子さんが小学生となり、育児が落ち着き、子犬を家族に迎えたそうです。パートの仕事も始めました。

今は、朝晩の犬の散歩に、仕事に、家事にと、忙しくしているGさん。あらためてお話を伺うと「この町が〝自分の町〟と思えるようになってきました」と、以前より穏やかな顔で語っていました。子犬や仕事を通じて町との接点が増え、暮らしに彩が添えられたのかもしれません。特に小さな子どもがいると、ほんの1、2年の間で人の置かれる状況は変わり、当然、考え方にも大きな影響を与えます。

また、本書の執筆にあたって新規にお話を伺った方もいます。

40代の未婚女性で、50代のお兄さんも未婚。自分の老後や死後をどう考えているのか尋ねると、ちょっと遠慮気味に、「勝手かもしれないけど、夫に先立たれ、未亡人になった友人と、シェアハウスとかで一緒に暮らしていけないですかね」。

友人と同居することが「リスク回避になる」と思っているようでした。

私が「それってリスク回避になりますか？　同居人を見送る立場になったら、最後の一人になるリスクがありますよね」。すると「そうか、確かに。じゃあ結局、最期は困ってしまうね」。2人で苦笑いしました。

一人で老後を迎える人にとっても、安心して暮らし、安心して死ねる社会の仕組みが求められていると、あらためて感じさせられました。

本書を手にしてくださっている方の中には、家族について何らかの問題を抱えている方もいるはずです。ここに特効薬になるような内容はありません。ですが、セルフメディケーションとして自分の中に取り入れ、自らの力で解決する一助になるのではないかと、思っています。本書からヒントを得て、家族の問題に向き合い、それぞれの家族に最適なものの見方、考え方を得ていただけたらそれにまさるよろこびはありません。

また、家族の墓について、何か意見、体験したエピソードをお持ちの方がいましたら、ぜひ読者カードで意見を寄せてください。

一人ひとりの思い、そして声は、今後の家族問題研究の貴重なデータに。そして、一人でも多くの方が目の前の課題に向き合うことは、自分なりの答えに至る道標になっていくはずです。多くの参考文献を目にしていると、同様の研究をする方々の中には、大学の教員や、本職の傍ら、ライフエンディングに関わる団体の仕事を兼務している方をお見かけします。最初は研究者として家族問題に取り組まれていた先生方も、調査対象となった人々の生の声に接し、心を衝き動かされ、研究課題を超えたライフワークに発展した、というケースもあるのではないでしょうか。

家族、墓というテーマは多様であり、家族や社会の変動の影響を強く受けるため、定点的に答えが出せる課題ではなく、継続して調査研究していくべきものです。私も、自分の家族問題を整理するために進学しましたが、いつしか社会学のとりこになっていました。

経験も浅く、未熟な私ですが、自分の問題を基点としてずっと意識していたのは、「見送られる側」ではなく「見送る側」の視点を忘れないこと。私と同世代の方々への「ギフト」というところに、本書の存在意義を求めました。

最後に。本書の出版にあたり、たくさんの方のお力添えをいただきました。

時にユニークなおしゃべりを交えつつ、社会学的な内容はもとより、混乱する思考の整理までアドバイスをいただいた、ライズコーポレーション代表、社会学者の岩間夏樹先生に、心より感謝申し上げます。

締め切り間際、急なお願いにもかかわらず、パンク寸前の私にお力添えくださいましたライターの佐治環さんにも感謝申し上げます。

センシティブなテーマにもかかわらず、インタビューに快く応じてくださった方々にも、この場を借りて、あらためて感謝申し上げます。本当に、ありがとうございました。

そして、締め切り間際の数カ月は、家族に迷惑をかけっ放しでした。本の出版を最優先に考えてくれた家族の協力と支えなしには、途中で挫けていたと思います。

他にも多くの方のお力をお借りして、ようやく出版できたのが本書です。関わっていただいたすべての方々に、感謝申し上げます。

ありがとうございました。

2018年3月

米澤　結

参考文献

赤澤正人・藤田綾子（2007）『青年期の死生観に関する研究』「日本教育心理学会総会発表論文集」49、pp338.
天木志保美（2007）『ケアと社交—家族とジェンダーの社会学』ハーベスト社.
安藤喜代美（2013）『現代家族における墓制と葬送 その構造とメンタリティの変容』学術出版社.
井上治代（2000）『墓をめぐる家族論 誰と入るか、誰が守るか』平凡社.
井上治代（2003）『墓と家族の変容』岩波書店.
伊波和江・石塚一弥・篠崎香織・田畑智明・富岡次郎・下垣光（2008）「中高年のお墓観」『日本心理学会第72回大会発表論文集』、pp1203.
伊野真一（2006）「家族の個人化と死生観」『死生学研究』7、pp 354（213）-370（197）.
岩井紀子（2011）「JGSS-2000～2010からみた家族の現状と変化」『家族社会学研究』23（1）、pp30-42.

上野千鶴子（1994）『近代家族の成立と終焉』岩波書店．

小塩真司（2014）『[第2版] SPSSとAmosによる心理・調査データ解析―因子分析・共分散構造分析まで』東京図書．

牛窪恵（2015）『恋愛しない若者たち コンビニ化する性とコスパ化する結婚』ディスカヴァー・トゥエンティワン．

海老根絵里（2008）『死生観に関する研究の概観と展望』「東京大学大学院教育学研究科紀要」第48号、pp193-202．

落合恵美子（1994）『21世紀家族へ―家族の戦後体制の見かた・超えかた―』有斐閣．

落合恵美子（2004）『21世紀家族へ―家族の戦後体制の見かた・超えかた―第3版』有斐閣．

柏木惠子・若松素子（1994）「「親となる」ことによる人格発達：生涯発達的視点から親を研究する試み」『発達心理学研究』5、pp72-83．

片岡佳美・吹野卓（2010）「家族ライフスタイルの多様化への許容性についての分析」『社会文化論集―島根大学法文学部紀要社会文化学科編―』6、pp37-52．

金児曉嗣（1991）「現代における非合理性の復権と家族の宗教」『教学研究所紀要』第1号、pp1-27．

金児曉嗣（1994）「大学生とその両親の死の不安と死観」『大阪市立大学文学部紀要 人文研究』46（10）、pp1-28．

金児曉嗣・渡部美穂子（2003）「宗教観と死への態度」『大阪市立大学大学院文学研究科紀要』54、pp85-109.
鬼頭宏（2000）『人口から読む日本の歴史』講談社.
木下康仁（2014）『ライブ講義M—GTA—実践的質的研究法　修正版グラウンデッドセオリー・アプローチのすべて』弘文堂.
桑名温子・田宮菜奈子・森山葉子・堤春菜・柏木聖代（2016）「娘による母親の介護と義理の娘による義母の介護の比較—つくば市におけるアンケート調査結果から—」『厚生の指標』第63巻第5号.
河野由美（2000）『大学生の宗教観と死観及び死の不安に関する計量的研究』「飯田女子短期大学紀要」第17号、pp73-87.
河野由美（2001）「インド・ネパール・日本の看護婦と看護学生の死観、来世信仰、死の不安についての比較文化的研究」『ヒューマン・ケア研究』、第2号、pp47-59.
河野由美（2004）「自己の死観と大切な他社の死観—死観モデルの検証—」『研究年報』（財）21世紀ヒューマンケア研究機構、第10巻、pp75-83.
小谷みどり（2000）『変わる葬式、消えるお墓』岩波書店.
小谷みどり（2004）『死に対する意識と死の恐れ』第一生命保険.
小谷みどり（2008）「中高年の死観—自己と大切な人の死観の比較—」「日本家政学会誌」59（5）、

pp287-294．

小谷みどり（2009）『葬送儀礼や墓の変容における「私の死」概念の影響に関する研究』

東洋英和女学院大学大学院．

小谷みどり（2015）『だれが墓を守るのか　多死人口減少社会の中で』岩波書店．

神原文子・杉井潤子・竹田美知（2016）『よくわかる現代家族』ミネルヴァ書房．

佐藤郁哉（2014）『質的データ分析法』新曜社．

澤井敦（2000）『現代日本の死生観と社会構造（上）』「大妻女子大学人間関係学部紀要」1、pp13-29．

宍戸邦章（2008）『ＪＧＳＳで見た日本人の意識と行動：日本版General Social Surveys研究論文集』第7号、pp1-12．

島田裕巳（2014）『0葬―あっさり死ぬ』集英社．

下仲順子（1976）「加齢と性差よりみた老人の自己概念」『教育心理学研究』、24（3）、pp156-166．

杉山佳菜子（2007）「成人の義理の親に対する扶養意識―親との物理的・心理的関係から―」『日本パーソナリティ心理学会大会発表論文集』（16）、pp76-77．

須藤康介・古市憲寿・本田由紀（2012）『朝日おとなの学び直し　社会学　文系でもわかる統計分析』朝日新聞出版社．

田渕六郎・中里英樹（2004）「老親と成人子との居住関係―同居・近居・遠居をめぐって―」『現代家族の構造と変容』東京大学出版会、pp121-148.
筒井淳也（2016）『結婚と家族のこれから 共働き社会の限界』光文社.
得丸定子・小林輝紀・平和章・松岡律［他］（2006）「日本の大学生における死と死後の不安」『日本家政学会誌』57（6）、pp411-419.
豊島よし江（2016）『江戸時代後期の堕胎・間引きについての実状と子ども観（生命観）』「了徳寺大学研究紀要」（10）、pp77-86.
富岡麻由子・高橋道子（2005）『親への移行期にある娘の捉える母親との関係性：再構築の過程とその要因』「東京学芸大学紀要」1部門、pp137-148.
富松梨花子・稲谷ふみ枝（2012）『死生観の世代間研究』「久留米大学大学院心理学研究科紀要」第11号、pp45-54.
中筋由紀子（2006）『死の文化の比較社会学―「わたしの死」の成立』梓出版社.
長崎雅子・松岡文・山下一也（2006）『年代および性別による死生観の違い―非医療従事者を対象としたアンケート調査を通して』「島根県立看護短期大学紀要」、pp9-17.
縄田康光（2006）『歴史的に見た日本の人口と家族』参議院.
羽生田純之（2013）『辞典墓の考古学』吉川弘文社.

本田則恵（2006）「インターネット調査・モニター調査の特質—モニター型インターネットを活用するための課題」『日本労働研究雑誌』No551.
槇村久子（1990）「家族形態及びライフスタイルの変化と墓地のありかた」『造園雑誌』社団法人日本造園学会、第53巻5号、pp281-286.
槇村久子（1992）「家族形態及びライフスタイルと墓・墓地についての意識」『造園雑誌』社団法人日本造園学会、第55巻4号、pp309-314.
槇村久子（1992）「多磨墓地をはじめとする公園墓地成立・展開と今日的課題」『造園雑誌』社団法人日本造園学会、第55巻5号、pp121-126.
槇村久子（1994）「『都市共同墓所』の構築と地縁・血縁を超える墓地の方向」『造園雑誌』社団法人日本造園学会、第57巻5号、pp109-114.
槇村久子（1993）「近代日本墓地の成立と現代的展開」京都大学.
槇村久子（1995）「近代日本墓地の成立と現代的展開に関する研究（平成6年度日本造園学会賞受賞者業績要旨）」『ランドスケープ研究』Vol.52、pp93-110.
槇村久子（2013）『お墓の社会学』晃洋書房.
槇村久子（1996）『お墓と家族』朱鷺書房.
三谷鉄夫（1991）「都市における親子同・別居と親族関係の日本的特質」『家族社会学研究』No.3、

pp41-49.
宮沢聡介・宇津井美代子（2015）『質問紙調査と心理測定尺度』サイエンス社.
望月嵩（2001）「『個人化』がかかえる問題」『家族社会学研究』No.12（2）、pp165-66.
森岡清美（1972）「家族の定義」『家族社会学』東京大学出版会、pp3-4.
森謙二（2014）『墓と葬送のゆくえ』吉川弘文社.
山浦晴男（2012）『質的統合法入門　考え方と手順』医学書院.
山田昌弘（2001）『家族というリスク』勁草書房.
山田昌弘（2004）「家族の個人化」『社会学評論』54（4）、pp341-354.
山田昌弘（2005）『迷走する家族―戦後家族モデルの形成と解体』有斐閣.
大和礼子（2008）「介護する意識とされる意識：男女差が大きいのはどちらの意識か」『関西大学社会学部紀要』39（3）、pp103-121.
湯沢雍彦（2010）『大正期の家族問題―自由と抑圧に生きた人びと―』ミネルヴァ書房.
湯沢雍彦（2011）『昭和前期の家族問題―1926～45年、格差・病・戦争と闘った人びと―』ミネルヴァ書房.
湯沢雍彦（2012）『昭和後期の家族問題―1945～88年、混乱・新生・動揺のなかで』ミネルヴァ書房.

湯沢雍彦（2014）『データで読む平成期の家族問題　四半世紀で昭和とどう変わったか（朝日選書）』朝日新聞出版．

和田秀樹（2004）『パラサイト・ダブルならうまくいく！』ＰＨＰ研究所．

グラハム・ヒラリー（1983）『Caring：A labour of Love』Routledge and Kegan Paul．

ジャンケレヴィッチ・ウラジーミル（1978）仲澤紀雄訳『死』みすず書房．

ファインマン・A・マーサ（2003）上野千鶴子監訳・解説 速水葉子・穐田信子訳『家族、積みすぎた方舟―ポスト平等主義のフェミニズム法理論―』学陽出版．

ユング・グスタフ・カール（1995）松代洋一・渡辺学訳『自我と無意識』第三文明社．

インターネット

一般社団法人ペットフード協会「平成29年全国犬猫飼育実態調査」
http://www.petfood.or.jp/data/
共同体社会と人類婚姻史
http://bbs.jinruisi.net/
厚生労働統計協会（2016）
http://www.hws-kyokai.or.jp/paper/120-2016-02-15-03-07-32/1936-201605-4.html

厚生労働省（2014）「平成26年国民生活基礎調査の概況」
http://www.mhlw.go.jp/toukei/saikin/hw/k-tyosa/k-tyosa14/dl/02.pdf
厚生労働省（2015）「平成27年人口動態統計月報年計（概数）概況」
http://www.mhlw.go.jp/toukei/saikin/hw/jinkou/geppo/nengai10/kekka02.html
厚生労働省「平成18年度婚姻に関する統計の概況」
http://www.mhlw.go.jp/toukei/saikin/hw/jinkou/tokusyu/konin06/konin06-2.html
厚生労働省「平成28年国民生活基礎調査の概況」
http://www.mhlw.go.jp/toukei/saikin/hw/k-tyosa/k-tyosa16/index.html
厚生労働省「人生の最終段階における医療に関する意識調査報告書」
http://www.mhlw.go.jp/toukei/list/saisyuiryo.html
国立社会保障・人口問題研究所「第1回人口移動調査」
http://www.ipss.go.jp/ps-idou/j/migration/m01/mig01.asp
国立社会保障・人口問題研究所「第7回人口移動調査」
http://www.ipss.go.jp/ps-idou/j/migration/m07/mig07.asp
国立社会保障・人口問題研究所（2013）「日本の世帯数の将来推計（全国推計）2013（平成25）年1月推計」

http://www.ipss.go.jp/pp-ajsetai/j/HPRJ2013/gaiyo_20130115.pdf
総務省（2010）「平成22年国勢調査人口等基本集計結果」
http://www.stat.go.jp/data/kokusei/2010/kihon1/pdf/gaiyou1.pdf
総務省（2015）「平成27年国勢調査人口速報集計結果」
http://www.stat.go.jp/data/kokusei/2015/kekka/pdf/gaiyou.pdf
総務省「人口推計」
http://www.stat.go.jp/data/jinsui/index.htm
総務省「住民基本台帳に基づく人口、人口動態及び世帯数」
http://www.soumu.go.jp/menu_news/s-news/01gyosei02_02000148.html
昭和10年国勢調査
https://www.e-stat.go.jp/SG1/estat/GL08020101.do?_toGL08020101_&tstat-Code=000001036872&requestSender=search
独立行政法人統計センター e-stat平成22年国勢調査ユーザーガイド
http://www. e-stat.go.jp/data/kokusei/2010/users-g/word2.htm
独立行政法人統計センター e-stat昭和25年国勢調査
https://www.e-stat.go.jp/SG1/estat/GL08020103.do?_toGL08020103_&tclassID=000001027785&-

cycleCode=0&requestSender=search
独立行政法人統計センター e-stat学校基本調査 年次統計
http://www.e-stat.go.jp/SG1/estat/GL08020101.do?_toGL08020101_&tstatCode=000001011528&requestSender=dsearch
東京都公園協会「平成27年度　東京都立霊園使用者の募集」
https://www.tokyo-park.or.jp/reien/use/new_user/pdf/270626panf.pdf
内閣府「平成27年版少子化社会対策白書」
http://www8.cao.go.jp/shoushi/shoushika/whitepaper/measures/w-2015/27webgaiyoh/html/gb1_s1-1.html
内閣府「男女共同参画白書」
http://www.gender.go.jp/about_danjo/whitepaper/index.html
内閣府「国民生活に関する世論調査」
https://survey.gov-online.go.jp/index-ko.html
内閣府「家族と地域における子育てに関する意識調査」
http://www8.cao.go.jp/shoushi/shoushika/research/h25/ishiki/index_pdf.html
内閣府「平成25年版　高齢社会白書（全体版）」

http://www8.cao.go.jp/kourei/whitepaper/w-2013/zenbun/s1_1_1_02.html
文部科学省「学校基本調査 - 結果の概要」
http://www.mext.go.jp/b_menu/toukei/chousa01/kihon/kekka/1268046.htm

ディスカヴァー携書 198

お墓、どうしますか？　変容する家族のあり方

発行日　2018年4月15日　第1刷

Author　米澤 結

Book Designer　石間 淳

Publication　株式会社ディスカヴァー・トゥエンティワン
〒102-0093　東京都千代田区平河町2-16-1 平河町森タワー11F
TEL　03-3237-8321（代表）
FAX　03-3237-8323
http://www.d21.co.jp

Publisher　干場弓子
Editor　藤田浩芳

Marketing Group
Staff　小田孝文　井筒浩　千葉潤子　飯田智樹　佐藤昌幸　谷口奈緒美　古矢薫　蛯原昇　安永智洋　鍋田匠伴　榊原僚　佐竹祐哉　廣内悠理　梅本翔太　田中姫菜　橋本莉奈　川島理　庄司知世　谷中卓　小木曽礼丈　越野志絵良　佐々木玲奈　高橋雛乃

Productive Group
Staff　千葉正幸　原典宏　林秀樹　三谷祐一　大山聡子　大竹朝子　堀部直人　林拓馬　塔下太朗　松石悠　木下智尋　渡辺基志

E-Business Group
Staff　松原史与志　中澤泰宏　西川なつか　伊東佑真　牧野類　倉田華

Global & Public Relations Group
Staff　郭迪　田中亜紀　杉田彰子　奥田千晶　李瑋玲　連苑如

Operations & Accounting Group Group
Staff　山中麻吏　小関勝則　小田木もも　池田望　福永友紀

Assistant Staff　俵敬子　町田加奈子　丸山香織　小林里美　井澤徳子　藤井多穂子　藤井かおり　葛目美枝子　伊藤香　常徳すみ　鈴木洋子　内山典子　石橋佐知子　伊藤由美　小川弘代　畑野衣見　森祐斗

Proofreader　文字工房燦光
DTP　アーティザンカンパニー株式会社
Printing　共同印刷株式会社

ISBN978-4-7993-2258-1

携書ロゴ：長坂勇司
携書フォーマット：石間　淳